몇 번이고 고쳐 쓴 보고서

지혜사랑 302

몇 번이고 고쳐 쓴 보고서

홍순화 시집

시인의 말

  아주 오래 전부터 갈망하던 문학소녀의 꿈에
두 번째 발을 들여놓았다.
  좀 더 여유를 갖고 훑어보자는 마음과 조급함이 맞서 싸우다
욕심에 등 떠밀린 후회다.
  귀촌하자 몸에 와 닿는 자연의 말들
동화되고 픈 마음이 시詩를 짓는다.
풍년만 드는 농사가 되길 기원하며
호미를 들고 모종을 심는 손에
시를 쥐어줘야겠다.
많이 부지런해져야겠다.

                    2024. 눈 쌓인 아침에
                    無爲當에서
                    홍순화

차례

시인의 말 　　　　　　　　　　　　　　5

1부　독은 독으로 치료하는 법

어쩌다 보니 봄 ─────────── 12
꽃 안 파는 꽃집 ─────────── 13
연두 끝에 초록 ─────────── 15
찔레꽃 ─────────────── 17
어느 잡초의 비망록 ────────── 18
눌러 담기 만한 이름 ────────── 20
씨앗의 절규 ─────────── 22
복숭아 도둑 ─────────── 24
그래도 온다 ─────────── 25
봄비 속에는 색깔이 들어 있다 ────── 27
비의 끝자락엔 첫 걸음마가 물려있다 ─── 29
하얀 목련 ─────────── 31
정규직 일꾼 ─────────── 33
모내기 끝난 후의 보고서 ─────── 35

2부 표절된 관습으로 재부팅 되고

해바라기	38
햇볕 따가운 6月의 기록	39
바다가 걸려 있는 집	41
고라니	42
감시카메라	43
만물상	45
그늘의 기록	46
딱, 하루만 맑음	48
칠월 장마	50
흔들리던 생이 지은 집	52
시간 이탈자	54
지퍼를 채우다	56
구두 수선공	58
불량 여름을 위한 묵상	59
파묘破墓	61

3부 서리꽃 하얀 저 마지막들

밤손님 —————————————— 64
청무밭은 항상 정직하다 ————— 65
길 없는 길 ————————————— 67
메주를 위한 자기소개서 ————— 69
무명 세 필 안동포 두 필 ————— 71
보름달 ——————————————— 73
가을 고등어 ———————————— 75
독서하는 소녀상 ————————— 77
소라의 비밀방 —————————— 79
뿔을 겨누다 ———————————— 81
장뜰장 ——————————————— 83
시한부 가을 ———————————— 85
별비를 본 것같은 아침 —————— 87
진실 게임 ————————————— 89
색들의 비망록 —————————— 91
가을 ——————————————— 93

4부   설중매 봉오리 터지는 소리
         잣눈 속에 묻히고

늦은 11월에는 추억이 내린다 ——— 96
눈사람 ——— 98
PM & AM ——— 100
책들의 감정 ——— 102
매듭단추 ——— 104
11월의 독백 ——— 106
그들의 일기는 끝나지 않은 진행형이다 ——— 108
떠나지 않은 천재 ——— 110
二月의 밤 ——— 112
풍경이 달린 집 ——— 114
독신자 아파트 ——— 116
폐광촌 ——— 118
실 ——— 120
폐가는 안녕하십니까 ——— 122
작년 11월 같은 올 정월 ——— 124
송이눈 오는 밤 ——— 126

해설 • 센티멘털리스트의 마음과
        숨바꼭질로서의 언어 • 권온 ——— 129

- **일러두기**

  페이지의 첫줄이 연과 연 사이의 띄어쓰기 줄에 해당할 경우 >로 표시합니다.

1부
독은 독으로 치료하는 법

어쩌다 보니 봄

겨울을 믿었던 게 잘못이었다
불어난 봄물에 떠밀려온 꽃들
발부리 차이는 곳마다 환한 웃음 때문에
벼르고 별러 앉은 책상 앞이지만
얼었다 녹은 키보드가 손을 놓아버렸다

엉덩이에 불붙인 게 봄이라 해도
느긋하게
무논의 개구리 울음 쯤은 들어야만 한다고
처음과 끝을 사람에게 빼앗긴 감나무는
어김없이 올해도 가지마다
비만인 어린싹을 촘촘히 틔우고 있다

뭉그적거리다 향기 배어든 연두가
게걸스럽게 곁에 온 봄을 탐하고 있다

꽃 안 파는 꽃집

사내에게는 실내만 존재했지
평균은 최고가 될 수 없어
화분 속 꽉 들어찬 시간은
안으로만 들어가야 완성시킬 수 있거든

남발된 자만심이 입력된 볕 잘 드는 장터
동서남북 막걸리 한 잔 붓는 것으로 퉁치면
꽃집의 할 일 없는 가계부는
뺄셈이 없는 어정쩡한 산수가 돼

실외를 선호하는 주문에는
길 잃은 입은 차가워지며
가뜩이나 휘어진 시간을 의미심장하게 만들지

사내의 난전에는 사철 눈이 내렸어
사방 보이지 않는 유리로 거절을 덧댄 온실은
여름엔 추웠고 겨울엔 더욱 추워
꽃들의 안부는 비관적으로 자주 멈췄어

흐트러진 주인의 표정을 정면으로 훔쳐보며
사랑을 갈구하던 손들이 불안해지면
꽃들은 이제 체념을 익힐 시간이지

>
경계가 허물어진 화분엔 어둠이 심어졌고
부풀어진 소문만 제 자리로 돌아오고 있어

연두 끝에 초록

4月엔 매일 폭우가 내린다

아직 겨울이 뒤엉켜있는 산
겹치고 덧씌우는 색깔의 비가 내리면
흠씬 물들었던 그리움에 애태우던
떠난 발자국들이 돌아오고 있다

태양은 밤에도 따뜻할 것이라 믿는
우매한 인간의 착각 속에
누추함 속에서 화려함을 찾는 손길이 은밀하다

골안개 가득 찬 산속에선
연두에 연두를 덧씌우는 손길이 분주하고

날 세운 북풍의 독기에
겨우내 모진 시련을 겪던 산의 울음
아픔이 클수록 생명은
감탄에 찬 찬란을 탄생시키는 법
겨우내 휑하던 숲속에 만삭의 고요가 가득 찼다

칼바람에 동상 걸린 고로쇠나무 사이로
한결 높아진 산까치 영역 다툼 소리

봄이 빠르게 익어가고 있다

발밑에 엎드린 광대나물, 개별꽃에서 봄은 시작되고
철모르고 일찍 인사 온 소쩍새 소리에
매일 4월의 폭우를 맞고 있던 산이
슬그머니 물러앉자
연두 끝자락엔 환장할 초록이 5月과 같이 서 있다

찔레꽃

찔레꽃 가뭄이 들면 여자는 왔다
앞서온 짙은 분냄새에
뻐꾸기는 슬픈 울음을 산속에 숨겼지만
두꺼워진 봄볕은 서러움을 더해갔다

모델같은 신부
시골엔 안 어울린다는 수근거림
채 챙겨가지 못한 허물은 유일한 증거였지만
눈에 뻔히 보고도 믿을 수 없던 사내
목에 걸었던 밧줄까지도 잊어버리고
밤마다 슬그머니 대문을 열어놓았다

속 모르고 찾아온 아련한 분냄새
모내기를 하다가도 비닐하우스 고추에 약을 치다가도
아찔한 향기에 까무룩 정신줄을 놓아버렸다

올해도 마음을 읽히지 못한
사내의 두텁손이 만진 뽀얀 얼굴
조각조각 바스러져 발밑에서 나비가 되고
가뭄에 흐르는 길조차 잃어버린 도랑엔
서쪽으로 날아가지 못한 날개들이
언제 끝날지 모를 흥정을 벌이고 있다

어느 잡초의 비망록

사랑은 선택될 수 없어요
뜨겁게 심장 뛰는 사랑을 어떻게 계산할 수 있나요

왜
천칭 위에서 우리는 항상 도태되어야 하죠?

잡초라는 이름으로 출생신고가 되는 순간
천적의 눈을 피해야 하는 도망자 신세가 되는 걸
낮 동안의 긴장은 밤이 되면 악몽을 끌여들여요
공포에 떨지 않았으면 좋겠다는 소원은 생각뿐인걸요
어느 누구도 고양이 목에 방울을 달겠다 나설 수 없죠

더 빨리 더 많이를 좌우명으로 삼은 우리에게
오늘 좋은 소식이 왔어요
연세가 많아 힘이 부치던 농부가
올해는 경제성 없는 이 밭을 포기했대요
그래도 간혹 경운기 소리가 들릴 때마다
온몸 쪼그라들고 식은땀 나는 습관은 없어지지 않아요

살아남고 싶어 곰삭아 들어가던 숨죽인 열망은
계절이 끝난 다음에나 번식으로 증명할 수 있어요

\>
살다가 보니 이런 일도 일어나네요
이제 마음을 놓아도 될까요?

눌러 담기 만한 이름

재단된 나무들이 톱밥과 대팻밥을 물고 있는
저수지 공방 옆 한쪽 벽
옛날의 가족이 아직 떠나지 않고 있다

인정하고 싶지 않던 실패를 인정한 날
뒤돌아보지 말자 톱날에 기억 한 자락 베어버렸는데
간판은 흰 바탕에 검은 글씨로 쓴 명찰을 단 채
여태 제 이름이 불려지길 기다리고 있었나 보다

연두로 변한 저수지 옆 수양버들
살아나는 봄을 보는 것만으로도 행복했던 나는
딸 아이의 이름을 간판으로 내걸었는데

균열된 벽 틈으로 꽃을 피운 민들레가
견딜 수 있는 건 재앙이 아니라며
왜소증의 키를 늘리는 바람 싸늘한 이른 봄날
발길을 돌리지 못하고 유리창 안 옛식구들과
일을 놓았던 손이 망치질과 대패질을 시작하자
스스로 스위치 올린 전기톱 돌아가는 소리 들린다

우격다짐으로 단 새 이름이 영 마뜩하지 않은
물 가장자리 다른 명찰을 단 새 간판

\>

기계톱 위에 내동댕이 쳐진 옛이름을
차디찬 톱날이 한 자 한 자 베어 물고
아무 대책 없는 나는 하릴없이 그들을
두 눈과 가슴에 꾹꾹 눌러 담고 있다

씨앗의 절규

이 뒤주에는 씨앗을 넣지 마소서
백성들 먹일 낟곡도 넣지 마소서
독기 품은 씨앗은 올바로 썩지 못하나이다
하지만 독은 독으로 치료하는 법
오염되고 병든 씨앗만 넣어두소서

여드레 날 죽은 씨앗이 아닌 부활하는
제대로 썩은 씨앗은 이미 산*이로 자랐나이다
세손이 거둬들일 조선이라는 열매가
얼마나 튼실하고 풍성한지 아바마마
기대하소서 고대하소서

 저에게 종묘사직의 씨앗이라 하시었나요 허나 당신은 진정한 농사꾼은 되지 못하였나이다 채종採種**만 잘하면 되는 줄 알았지 여린 싹에게 사랑이 필요하다는 것은 알지 못하였나이다 바심***에 맘이 급해 때를 기다려야 한다는 걸 잊은 채근에 튼실치 못한 싹은 두려움에 병들어갔나이다 햇볕과 물을 제대로 먹고 자라지 못하였나이다 그러나 아들 농사는 폐농이 되었지만 손자 농사는 풍년이 들 것이옵니다 부디 산이에게 힘을 실어주소서 그리하여 당쟁을 탕평시키는 농사를 지어 붕당과 짝패를 몰아내주소서

>
다시는 뒤주에 독 품은 씨앗을 넣지 마소서
피눈물 흘리지 않는 알곡만 넣어 밥상을 차리소서
그리하여
백성들이 입을 모아 풍요로운 시절을 노래하게 하소서

* 조선 22대 정조의 아호
** 좋은 씨앗을 골라서 받음
*** 곡식의 이삭을 떨어서 낟알을 거두는 일

복숭아 도둑

 화서문로 72번지에는 백 년은 족히 넘을 것 같은 허름한 한옥이 한 채 있는데요 연탄보일러로 방마다 난방을 하는 그런 집이 있는데요 나이든 베니어판이 일어나 '금보 여인숙'이 '금부 여의주'로 읽히는 경찰관 관심 골목이 아무 일 없는 듯 시치미를 떼고 있는 뒷골목이 있는데요 제 말은 '금보 여인숙' 얘기가 아니라 그 집을 돌고 돌아 몇 발자국 싸고돌면 그림자 살지 않는 만파식적 벽화가 있는 곳, 네모난 낙관이 선명히 찍히고, 천도복숭아 한 개 부리에 물고 피리 부는 선녀를 등에 태운 학 한 마리가 날고 있는 그림이 있는데요 제 얘기는 여인숙 얘기도 아니고 만파식적 얘기도 아닌데 말이예요

 접은 그림자 하나 화서문 72번지를 달릴 때마다 볼록한 주머니에선 피리 소리 비어져나오고 골목은 천도복숭아 향기로 채워지고 있지만, 누구도 복숭아 도둑이 있다는 걸 알지 못하고 있단 얘기예요

그래도 온다

검은 피부에 윤기 흐르는 S자 고리
한때 잘 나가던 정육식당이었다

불경기의 쓰나미로 폐쇄된 직장
살길 찾아 뿔뿔이 철새가 되어버린 유령도시
대책 없는 오늘만 홀로 남았다

갈라진 벽 틈에 기름기 절은 비릿내를 숨긴
싸구려 벽지로 도배된 벽마다
유명인들이 적어놓고 간 한 줄 인사말
햇발에 밟혀 두루뭉술 뭉개져있다

일 없는 주인이 일삼아 걸어놓았던
정년퇴직을 꿈꿨던 직원들 얼굴
시간과의 전쟁을 선포했던 배달의 기수
사춘기 딸 아이의 이유 없는 반항
생각만으로도 웃음이 번지는 대박난 로또가
깨진 유리창으로 날아가 버렸다

아쉬움에 입맛을 다시며
포기한 잠 속을 어슬렁거려보지만

＞
시멘트 냄새 속에 슬쩍 흙냄새를 묻혀 온 바람
연골 다 닳은 출입문을 열어젖히자
환한 햇살을 등에 업은 봄이 성큼 들어서고 있다

봄비 속에는 색깔이 들어 있다

엽서라도 보냈으면 마중을 나갔을 텐데

무슨 이유인지 스미는 것을 잊은 당신
소리 없는 걸음을 위해 차려놓은 다탁엔
초대하지 않은 폭우를 앉히고 말았습니다

예상치 못한 분노에 도망쳐버린 기다림과 그리움
쇄골과 갈빗대의 과거를 잊지 못한 나는
옛날로 돌아갈 수 있다는 기대를 접으며
서둘러 부침개를 부쳐 주안상을 차렸습니다

흘러내리지 않고는 울분을 삭일 수 없다는 듯
땅의 살갗에 무수한 문신을 새기며
그리움을 넝마로 만들었던 사선의 힘도
젖어있는 것들이 앓는 환상통인 햇볕도
얼마 가지 못하고 변할 꿈일 뿐입니다

봄을 건너뛰려는 듯
과속을 하고 있는 폭우
막 산과 들에 연두를 입히던 동작을 멈추고
슬그머니 노랑과 분홍에 동그라미를 그려넣었습니다

\>

밤새 달아났던 추억을 주워 모으면
뿌옇게 변했던 것들이 색깔을 갖게 되겠지요
봄비가 누른 on 버튼에 색깔을 얻은 이별들이
죽음이 덮은 몸을 일제히 밀어 올릴 테니까요

비의 끝자락엔 첫 걸음마가 물려있다

산과 들의 터진 솔기 사이로
초록은 연두를 제끼며 미어져나오고

채 산 그림자를 털어내지 못한
봄의 끝자락을 물고 있는 아침
도롱뇽은 물이 가득 담긴 고무다라를 지고 있다

사진 속 모델이 된 줄도 모르고
갈아놓은 밭이 오는 비에 굳을까
이랑에 비닐을 씌우고 있는 노부부

부드러운 흙을 붙잡으려
거센 빗줄기는 안중에도 없고
급한 마음은 허리 통증도 잊은 채
괭이질을 부추긴다

찬비에 노인들이 일 나겠다는 조바심
라면을 끓일까, 칼국수가 좋을까
뜨거운 국물 요리만 들었다 놨다
시간 없다는 핑계가 믹스커피를 챙겨
더운물이 든 주전자를 들고 뛰는 비 오는 날

＞
꽃비가 되어 산벚꽃도 함께 묻어주었는지
괭이날엔 묻히지 못한 꽃잎이 앞장서서 오는데
비 덕분에 서둘러 끝내 오히려 개운하다며
활짝 웃는 얼굴에 여름이 첫 걸음마를 떼고 있다

하얀 목련

스모키 화장을 할 거야
흰색을 고집하는 이들에게 도둑맞은
원하는 색깔을 되찾아야 돼 그러자면
되돌아온 어제의 시간은 반납시켜야 하지
내 일이 아니라고 외면하는
그들의 생각은 고작 압핀으로 꽂혀 있을 뿐이야

흰색의 집착을 버리지 못하는 그들에게
순종과 체념보다 반항과 도전을 배우고 싶지만
고정관념은 집착을 버리지 못해 그러나 그들도
개혁보다는 어쩌면 무관심을 선호하는지 몰라

각을 세운 봉오리의 저항은
모든 것들에 스며들지만
힘 없는 반란에 내려진 보상은
외면과 침묵뿐이야

빗물을 털어버리는 사이
갈망은 시간 없다 행동을 다그치지만
흰색에의 미련도 약간은 감정을 지배하지 하지만
잘못 끼워진 단추는 다시 채워야 하거든

>
말해 줘 변신은 무죄라고
목타게 외쳤지만 세상은 만만치 않아
태양의 스위치가 올라갔을 때 발목엔
헛입덧 하는 화장기 번진 뭉개진 얼굴만 나뒹굴고 있어

정규직 일꾼

반항을 포기한 노을이 되어야 했지
아직 마음을 이길 수 있는 머리가 있을 때

논과 밭에 뿌려진 눈물과 한숨은
크게 반기를 들고 있어
행복해 보이는 길고양이를 보면
앞이 보이지 않는 안개비가 내렸지
시간과 색깔을 잡아먹는 눈이 내려도
난독증 걸린 머리는 침묵을 택했어

후회는 언제나 뒤에 온다고
진지함도 지나치면 미련을 만든다고
절망과 붙어다니는 희망은 속삭였어

해고할 수 없는 정규직 일꾼의 터전인 논밭엔
그동안 찍힌 발자국 위에 덧입혀진
걸어온 자국들이 팽개쳐져 있는데, 어쩌자고
묵은 울분은 한꺼번에 후회로 변해 있었어

수전증 걸린 병원이 흔들던 몸도
부드럽던 몸을 버리고 단단해지겠지
그러려니 생각하다 차가움이 손을 스치면

저항의 놀라움을 드러내고 말지만

참 맛있는 바람이 불고 있어
이젠, 펼친 세상을 예쁘게 접는 법을 배워야겠지
'산다는 것은 폐허 속 마지막 잔해 몇 줌 거둔'* 건 아니잖아

* 이산하 『악의 평범성』 차용

모내기 끝난 후의 보고서

풍경화를 떼어내 힘껏 던지면
틀만 남은 액자에 맑은 바람이 분다

액자 속 풍경은 늘 거꾸로였고
그림자로만 보는 새들의 춤은
뼛속까지 텅텅 비어있고

오차를 무시하는 넉넉한 계산은
몸피를 늘리며 견고해질 초록을 위해
방정식에도 없는 계절을 대입했다

한잔의 달달한 믹스커피가
나른한 오후를 일으켜 세우면
눈꺼풀에 햇볕을 매단 대지는
뻐꾸기 울음소리에 꿈과 잠의 해발이 깊어만 간다

아무리 개칠을 해도 얄팍한 초록의 점묘화는
성장통을 앓고 있는지
쓰러진 상처도 파종으로 착각해 움벼가 돋는다

애써 내려놓았던 남발된 마음이
아직 오지 않은 시간과 계절을 다투면

베어진 벼의 밑동이 파릇한 것은
여름이 몇 번이고 고쳐 쓴 보고서

낮달을 품에 안고도 들판의 달빛을
이마까지 끌어 덮고 귀잠에 빠져버린 풍경
꺼내 둔 황금들녘이 꿈을 덧칠하고 있는 액자는
잠투정에 쏟아진 물감으로 무채색이 짙기만하다

2부
표절된 관습으로 재부팅 되고

해바라기

면천댁이 입원을 했습니다
간과 쓸개 위가 심하게 망가졌답니다

똥구멍 찢어지게 가난한 집에 시집온 스무 살
60여 년 농사만 지을 줄 알았지
자신의 몸은 보살피지 못했습니다
마스크도 쓰지 않고 치던 농약
벌레만 죽이는 줄 알았지
자신도 죽이는 줄은 몰랐습니다

부지런한 마나님 손 한 번 되어주지 않은 영감님
변변한 찬 없이 차린 밥상에
눈물바람 한숨바람 함께 차려놓습니다
따라만 다녔던 병원 찾아갈 줄을 몰라
애먼 마나님 핸드폰만 열었다 닫아보지만
천장에다 한숨 농사짓고 있는 마나님 대신 떠안은
20마리 소와 4마리 개 닭 30마리는 눈치 없이
배 고프다 울고 보챕니다

한 번도 그림을 완성하지 못한 계절이
여름을 그렸던 화폭을 지우던 날
동구 밖 개 짖는 소리 들릴 때마다
영감님 목은 길게 늘어난 해바라기가 되었습니다

햇볕 따가운 6月의 기록

무논 가득 개구리 울음이 들어차면
산들은 연두에 초록을 덧씌운다

하늬바람 불 때마다 앞산은
찰랑찰랑 찬 눈물을 펼쳐
몇 자 안부를 부탁해보지만
까막눈 윤슬의 해독 불가능한 초서에
맥질 당한 논둑은 헛통증을 앓았다

머리 껍질 벗겨질 것 같은 땡볕
기다리는 이앙기 오는 소리
찔레꽃 향기에 묻어버리고
때를 놓친 모심기만 엉거주춤 서 있는 6월

한 달이 넘도록 시루논 물대기에 지친 맹씨
오늘도 밤사이 붙잡아둔 물이
행여 밑 빠진 독이 될까 불안해
꺾어진 허리를 아예 논둑에 박아놓았건만

하늘마저 뭉게구름을 빼곡히 보태놓자
때를 모르고 일찍 나온 매미 한 마리
채 챙겨가지 못한 뻐꾸기 울음 한 조각

무심히 걸려 있는 허공을
설익은 울음으로 암팡지게 뚫고 있다

바다가 걸려 있는 집

지난 여름 우레에 반신불수가 된 대추나무
풍風맞은 가지를 내밀어 바다를 움켜쥐고 있다

몸 반쪽을 바다에 빼앗긴 아버지는 뱃사람이었다
용서라도 했던 걸까, 아니면 포기였나
묵묵히 바다로 그물을 던지던 그의 복수는
배 띄울 때마다 건져오는 바다 한 꼬집

빨랫줄이 다 차도록 고기를 널던 날이면
대추나무 가지마다 가슴을 열어젖힌
명태 청어 볼락이 매달렸다
눈물을 흘리던, 고향으로 돌아가고픈 피데기들
향수에 절어 꾸덕꾸덕 마른 몸이
출렁이는 바람을 타며 어미를 불렀다

대를 이어 파도 타던 자식까지 잃고
구석이 되어 버린 아버지만 덩그러니 남아
서글픈 떨림으로만 남은 대추나무와 사는 고향집
이젠 옛날을 되새김질하던 모습도 잃어버린
바다와 시간에서 속량된 노인을
짧은 겨울 볕에 끌려 나온 바다마저 알아보지 못했다

고라니

새끼의 주검을 묻어준 날 오후
온 산에 피칠을 해대던 어미가
새끼의 냄새를 맡고 찾아왔다

살려보내지 못했다는 마음에
핏발 선 어미를 마주볼 수 없어
죄인 아닌 죄인이 된 나
좋은 곳으로 갔다는 말을
입속으로 구겨넣기만 했는데

그날 밤
얼어붙은 산 자드락 길엔
끊어진 어미의 창자마다 별이 빛나고
도린곁 후미진 산속에선 때늦은 교성이 요란했다

감시카메라

트루먼이 되어 있었다
블라인드를 걷자 작업대 정면에 두 눈 부릅뜨고 서 있는
쓰레기 무단투기 감시카메라
심장 없는 깡통에 머리만 달려
가시거리 안 물체에게 경고 메시지를 전하고 있다

바람 불 때마다 상가 앞으로 날아드는
쓰레기와의 이별에 안심한 순간
통행량 많은 일방통행로에
움직이는 모든 물체를 위반으로 인식하는
멍청한 인공지능 두뇌
소음공해가 또 다른 스트레스를 안겨준다

유리창을 사이에 두고
검지를 입술에 대어 경고를 보내봤지만
그동안 슬그머니
쓰레기가 된 내 몸을 버리던 골목 안을
100만 원 이하 과태료가 점령해버렸다

감시카메라의 존재를 눈치 채지 못한 김씨
첫 근무를 시작한 감시카메라의 다리에

울분을 쏟아내고 떠난 늦은 밤

현장을 기억하는 녹화된 테이프만이
실적을 올리기 위해 부지런히
과태료 고지서를 챙기고 있다

만물상

어머니의 어머니가 방물장수라 했다
자라목이 되도록 이고 지고 넘던 길
수레바퀴는 엄두도 내지 못했다

어머니의 유산인 죽물竹物을 상속 받던 날
한 사람의 손님도 놓치고 싶지 않은 상술은
리어카 가득 물건을 실었다

사방으로 뚫린 길과 구르고 싶은 바퀴가 있지만
그는 늘 공원 한적한 길가에 만물상을 펼쳤다

종일 오가는 행인을 바라보면서
모시옷 곱게 입은 노신사는 죽부인이나 쥘부채를
깐깐한 아낙에겐 도마나 홍두깨를 내밀었다
그도 저도 아니면
어레미를 통과한 빛이 시간마다 색을 바꾸고
햇살을 키질하는 바람을 보았다

한 개라도 더 싣기 위해 내장을 버린 물건들
하루 종일 개시도 못한 날은 술 취한 아들 대신
박복했던 죽은 어미가 수레를 끌었다

그늘의 기록

시뻘겋게 날 선 서슬로
해가 가진 것 모두 쏟아붓자 결심하자
보란 듯이 그늘은 반기를 들었다

혼신의 몸짓을 보듬어 안을 줄 몰라
소신공양이 염원한 소원으로
혜택을 보는 자들은 당연으로 답했다

필연이 기른 우연을 마치
무관심을 가장한 관심이라는 듯 선심을 쓰면
그늘엔 거부할 수 없는 낮잠이 똬리를 튼다

성씨가 있건 없건 찾는 걸음을
넉넉히 품고도 남는
햇볕의 반대편에서
절정을 누리고 있는 한낮
그늘의 엄살과 배냇짓이 시원스럽다

농무濃霧라도 피어올라 모든 것이 흐릿해진 날
채용계약서도 쓰지 않은 폭망한 몸은
여기저기 헤져 구멍 난 몸을 기울 기운조차 잃었다
말끔하게 수선할 생각은 손톱만큼도 없이 서둘러

꼭 자기 몸 크기의 소금기 밴 그림자를
울음소리 들키지 않게 조용히 멍석말이 하고 있다

위독한 그늘의 선혈이 축축한 한낮이다

딱, 하루만 맑음

7월31일 일기를 쓴다
30일 동안 날씨는 변함없이
비가 오고 후텁지근 하다고 적혀있다

과로한 장마가 하루의 휴가를 낸 들판
주눅들었던 소리들이 일제히 고개를 든다

집안을 엿보던 모기와 나방에게 경고를 보내고
무단 침입한 박새에겐
졸아드는 간과 심장 멎을 듯한 공포를 구형하였다
고성방가를 일삼는 개구리와 풀벌레에게
휴식 없는 연주의 벌을 내리자
그들은 나를 원형감옥에 가둬버렸다

그동안 서른 번이나 보이지 않는 그림자를
깔았다가 거둬들인 칠월
비릿한 물냄새가 휘여잡고 있던 구역에
빼앗길 수 없다며 풀내음을 되찾아오자

들판은 재빨리 낙숫물 떨어지는 일기장을 펼치고
7월 마지막 날 일기를 쓴다
월간예보를 듣고 미리 적어두웠던

비오고 후텁지근하다를 까맣게 지우고
딱, 하루만 맑음이라고 반갑게 적어넣었다

칠월 장마

바람의 요구는 오직 한 가지
더 세게, 더 격정적으로
완벽을 기대한 주문의 강도는 점점 세어져갔고
더에 더를 곱해 나가던 그들을 악마로 바꿔놓았어

추녀 밑 허리 붙잡힌 붕어
날카로운 채찍 소리가
망막 뒤 위장된 부재를 깨우자
보란 듯이 가석방 없는 무기수의
걷잡을 수 없는 광란은 시작되었지

악마는 직선으로 오지 않아
둥글게 둥글게 웃으며 일격을 날려
접시꽃이 꽂혀 있던 컵이 사라지자
쇠비린내 절은 등에 꽂힌 비수
결딴난 채 누더기 되어 내동댕이쳐진 설마였어

밥솥에 앉힌 흙탕물 든 쌀들은
소실된 염원에 불면의 밤들을 낳았어
절망을 횡궈낸 물조차 슬픔인데
너덜해진 논밭을 깁을 힘이나 남았는지

〉
잔뜩 주눅 든 모습으로 태양은 떠올랐지
새들은 힘차게 높게 날갯짓하며
뿌리째 뽑힌 나무가 살던 초리쯤에서
옛 고향 집을 날개가 아프도록 찾고 있어
뜨내기 장마에 보란 듯이 당한
짓눌러 버린 칠월이 꼬리를 보인 마침표였어

흔들리던 생이 지은 집

기억하고 싶지 않은 집이었다
면역력 강한 삶을 살고 있다 믿었는데
뿌리 박지 못하고 흔들리기만 하던 생은
바람에 등 떠밀린 나무들이
서로를 보듬으며 내는 소리를 사랑하게 되었다

혼돈의 시계에서 풀린 시간이
이제는 차분히 정리를 해야 될 때를 알리자
커튼 대신 창문은 한쪽 창에
노송 한 그루 걸어놓았다
허공을 여백으로 걸어놓았을 뿐인
휑뎅그렁한 나머지 창으론
밤마다 별과 달이 마실을 오곤 했다

어둠에 숨겨진 빛들을 타고 온
현실에서 만날 수 없던 인연들은
그저 그런 인생을 위해
남은 시간과 현재 사이에
내 어린 시절을 덤으로 놓고 갔다

입춘이 지난 지도 한 달이 넘었건만
아직은 선선히 물러날 때가 아니라며

분이 풀리지 않는 북풍이 몰아다 놓은 낙엽 사이
소리 없이 홍매화가 꽃잎을 열자
고라니와 마주친 검둥이의 다급한 짖음이
야무지게 시린 달빛을 물고 있다

시간 이탈자

남자의 고독사를 알린 건 바람이었다
마주보고 살면서도 모르쇠로 일관했던
무관심이 부른 부패는 한 달이나 진행되었다

그의 곁엔
벽시계 하나만 걸려 있을 뿐
화려했던 전생의 기록은 남아있지 않았다

매일 되풀이되던 일상이 사라진 남자
입버릇처럼 달고 살던 시간 없다란 말이 사라지자
남아도는 시간을 주체할 수 없었다

사각의 침대 사각의 이불
사각형 냉장고 사각의 그릇에 담긴 음식
사각의 세탁기에서 꺼내 입던 옷
그의 주변은 온통 모가 난 불평만 있고
굴러가지 못하고 모서리에 늘 혼자였다

주식이 알코올로 바뀐 건 언제였을까
둥근 컵에 따라 마시던
모난 세상은 빙글 돌아 그의 편이 되어 주었을까

\>
과거가 된 모난 사내가 주소지를 옮기고 있다

지퍼를 채우다

언제부터인가 실밥 처리 공정을 무시한 골목

원샷으로 커피를 먹은 미싱들이
부산스럽게 아침을 열고 있지만
양손에 생을 맡긴 제품집엔 출근시간만 존재한다
마감에 쫓길 때마다 퇴근을 반납한 휴식은
미싱판 위에서 쪽잠으로 처리되고
비몽사몽을 헤매면서도 불량을 허락하지 않던
손가락에도 눈은 달려있었다

디스크와 관절염을 달래려고
게보린 양을 늘려도 옥죄어오는 고통은
아랫돌을 빼서 윗돌을 막는 또 다른 카드의 연체기일

졸음보다 앞서 노루발은 달려나가고
계절을 거꾸로 살아보아도
허기진 삶은 말끔하게 오버로크되지 못하는 인생

지문 닳은 손가락들이 사는 하청골목
그래도 배경뿐인 삶을 살아내는 건
또랑또랑한 눈동자에
내일이라는 희망이 남아있기 때문이다

＞
원청을 희망하는 하청들이 밤을 잊은 오늘도
마감을 지키기 위한 손들은 부지런히
틈새 벌어진 몸에 지퍼를 채우고 있다

구두 수선공

아버지가 신기료장수였다고 했다
잘 나가는 대기업 사원이었던 때도 있었지만 이젠
가업을 이어받아 CEO가 됐다고 너스레를 떤다

세 평 남짓 공간엔
그가 입는 옷들과 살림살이가 차지하고
신발 굽 구두약 깔창은 귀퉁이 신세다
셔터 내린 창에 희미한 불빛이 새어 나오면
좁은 공간에 맞춤 제작된 사내가 오늘을 누이고 있다

고장 난 남의 구두는 수선해주면서도
정작 자신의 몸을 고치는 일엔 소홀한 구두 수선공
젊은 시절 자신의 길을 기억하는 구두를 잃어버리고
사철 닳아진 슬리퍼만 신고 있다

늘 새우잠에 지친 삶
그의 손을 거칠 때마다
부러지고 상처 난 구두는 허리를 펴고 말짱해지고
한쪽으로 기울었던 세상도 똑바로 서곤 했다

몇십 년을 소와 같이 살다 소가 된
깊은 소의 눈을 가진 왜소증의 사내가
오늘도 느릿느릿 하루를 되새김질 하고 있다

불량 여름을 위한 묵상

국지성 호우와 각종 재난경보로 좌초된
여름은 수선 불가능의 불량이었다

침대에 흘러넘치는 물을
노아의 홍수라고 대답하자, 당연하다는 듯
메뉴판에서 비건식단이 사라졌다

온풍기에 넣어두었던 노을을 꺼내 **빨랫줄**에 널면
여름을 먹고 죽은 몇몇이 널려 있다
거미줄과 습기의 볼모가 된
뜯겨져버린 날개의 상처가 선명한

물이 고인 상자 안에 갇힌 사람들의
위태롭게 주저앉은
비현실적인 마침표 없는 진행형이 계속되자
닫히지 않은 가방에서는
거침없이 부고訃告들이 남발되고 있다

과부하 걸린 물에 여름을 담가
빡빡 비비고 **빨래방망이**로 두드려 여름을 세탁하자

수렁마다 핀 곰팡이꽃을 거둬내면

부력이 밀어올린 것들에 달린 날개가
족쇄 풀려 부쩍 살 오른 것들의 헤이즐넛 향기가
허공에 걸린 울음들이 가쁘하다

물비린내 밴 구름의 꽁무니를 새들은 부리로 쪼고
울력꾼에게 바치는 고수레 소리 들판을 말리고 있다

파묘破墓

이미 실행된 죽음이
표절된 관습으로 재부팅되고 있다

흐릿하게 채색된 기억의 가계도가
오래 해석되지 않던 암호문처럼 풀리자
봉분을 향해 빙 둘러선 성의 없는 안부

어둠에 이골이 난
오랜 잠수에 불을 대로 불어터진 몸은
썩어가는 육신 말릴 한 꼬집 햇볕이 소원이었는데

개봉은 밀봉의 역순이 아닌 무작위의 공법
간혹 비문을 읽는 바람의 발음만 떠듬거리고
흩어진 받침들을 수습하느라 햇살만 분주하다

과거는 계산에 따라 현재의 오류가 되기도 해
흙에서 나 흙으로 돌아간다는 진리는
불로 모든 흔적을 지워야 된다로 바뀌었다

허수아비 우로보루스가 보인 도리
윤회는 환생이 아닌 뫼비우스의 띠와 같다며
왜곡된 의무가 내민 금지목록은

Enter 키를 누르자
시간은 업로딩 대신 다시 시작이 되고 있다

3부
서리꽃 하얀 저 마지막들

밤손님

낮에는 내 것이던 마당이
밤에는 고라니 차지가 된다

갈잎 밟는 소리가
단잠을 깨웠다는 짜증은
호되게 호통 한번 칠까 망설이다
그까짓 노는 마당 빌려준 게
무어 그리 대수냐는 생각에
선선히 마음을 접었었는데

제풀에 두려워 똥 한 무더기
푸짐히 싸 놓고 간

밤
손
님

청무밭은 항상 정직하다

바다만 따로 떼어 액자에 넣었다
바람이 일 때마다 출렁이는 초록파도에겐
완성되지 못한 꿈을 맡겼다

부지런히 어둠을 끌어올리는 발아
발밑이 꼼지락거려 간지럼을 탔다고 쓴
허리 휜 지렁이의 영농일지
다음 날엔
긁어대던 그들의 머리에서 날개가 돋아나고
또 그 다음 날엔
굵어진 팔뚝과 장딴지 위로 무서리가 내렸다고 적혀있다

제대로 독을 품은 씨앗들의
묵언 속 부활의 조용한 몸짓
자고 있는 것들의 배냇숨소리가 들린다

땅속 뿌리내린 것들에게 젖을 물렸던
시선 닿는 곳보다 넓은 하늘의 시계
고요한 끄덕임으로 바심을 알리면

뒤뚱거리며 한쪽으로만 날고 있는 나비는

벗어버린 허물의 환상통을 앓고 있는지
푸른 잎 활짝 펼친 청무밭 초록파도를 따라
살 오른 날갯짓이 한창이다

길 없는 길

20년 전 니나노골목이 되돌아왔다

하천을 따라 양옆으로 쭉 늘어서서
각색의 꽃 이름을 달고 누군가를 품에 안아주던
허름한 어깨를 맞댄 하꼬방들

천사가 되고 싶었던 악다구리 세던 여자들
지하로 통하는 시멘트 계단을 내려가자
이제는 빛을 잃은 오 촉짜리 알전구가
한 평 반 방안에서 흔들리고 있다

떠난 햇볕의 부탁을 거절하지 못한 자투리 빛이 닿은
때 절은 벽엔
허리 뜯긴 치마와 가슴을 풀어헤친 저고리가
몸뚱어리로만 남았던 꽃들에 대해 얘기하고 있다
잊혀지기엔 서러워 물망초기 된 이유를 말하고 있다

추적추적 비 내리는 날은 손님이 많다며
서둘러 화장을 끝내라 채근하는 주모의 성화
발 빠른 어느 집에선 벌써 개시를 했는지
젓가락 장단에 구슬픈 유행가가 흘러나오고

\>
흥정을 마친 하룻밤 사랑을 위해
지분으로 세월을 감추던 늙은 작부는 어디로 갔나
이제는 공원으로 주소를 바꾼 니나노집 골목
거센 비에 등 떠밀린 퇴기들이
눈물을 보이면 지는 거라며
묵묵히 길 없는 길을 떠나고 있다

메주를 위한 자기소개서

단결의 힘을 보여준다며
목욕재계한 대두들이 모인 가마솥 광장
큰일을 내도 큰일을 내고 싶은
동그란 알갱이들의 힘이 결기를 뿜어낸다

익는다는 것은 갈색으로 변하는 것
불의 상자에서 꺼낸 구수함과 달콤함이
느긋이 짙은 색을 물들일 때면
부지깽이 손의 불맛도 한몫을 거든다

뭉치는 힘은 맛을 지키기 위한 진지함
균열을 부추기는 여린 마음은
애저녁에 추방시켰다

흙에서 나서 흙이 정겨운 마음이
고향을 그리는 것은 당연한 일
철철이 어머니의 손맛이 생각나는 건
길들여진 몸이 기억하는 어릴 적 추억

옛적부터 이어진 손맛이
양수 가득 찬 자궁을 버리고
스스럼 없이 들어와 오늘이 된다

＞
추녀에 매달려 해와 달과 별을 품은 몸이
울컥 어머니의 팔을 움켜잡는
볕 좋은 정월 말날
생각만으로도 군침 도는 아름다움이다

무명 세 필 안동포 두 필

이렇게라도 자식 곁에 남고 싶은 노구가
친정어머니가 혼수로 딸려 보낸
무명 두 필 안동포 세 필을 데리고 들어왔다

아버지가 다르지만
한 어머니 슬하니 남매지간이 분명하다며, 그러나
동생이라 부르기엔 마음 내키지 않다며 너스레를 떤다

죽기 전에 제 모습을 찾아줘야 한다는
어깨를 짓누르는 맏이의 책임
바람 한 점 빠지지 못하도록 촘촘하고 톡톡하게 짠 무명
어머니 허연 허벅지에서 빚어진 대마의
생냉이 길쌈이 곱고도 부드럽다

수의壽衣를 만들라는 권유에
태워질 몸에 안동포는 사치라며 손사래 치는 노파

지난 겨울 뼈 시리던 추위
역대급 폭염이 계속될 거라는 뉴스에
남매의 삶을 이불로 결정지었다

\>
죽어서도 기억이 되고픈 노파의 마음이
자식과 손주에게 선물로 남았다

이제 발편잠을 잘 그들이 마냥 부럽기만 한데

새벽보다 한발 앞서 식구들을 깨우던
기침 소리 사그라지면
수도 없이 에움길을 돌아온 인생은
그렇게 둥글게 사리어 남겨질 것이다

보름달

별을 따준다는 약속이 실현되었나요
빛으로 메워진 방
계산 안 되는 머리가 이유를 찾고 있네요
지금은 떠나고 없는 당신의 체취에
잊었다고 생각해 가벼워졌던 마음이 도로 무거워져요

거미줄에 걸린 나방같아요
짝을 부르는 고라니 교성이 온 산을 흔들고 있지만
어둠에 익숙한 그들에게도 이 빛이 반가울까요
잠옷을 벗어던지고 외출복으로 갈아입어야겠어요
꽃무늬 원피스를 입을까요 아니면
청바지에 체크무늬 남방을 입을까요

창밖 하얀 수국이 스포트라이트를 받고 있어요
손바닥을 활짝 편 들깨는 잠을 깨웠다고 투덜대요
검은 도둑고양이가 다리 사이를 헤집을 때마다
잊혀졌던 기억이 재생되지만
움츠러들었던 산은 잠들지 못하고 두런거려요

한쪽 솔기가 뜯겨나간 하루를 미싱 위에 올려
도망쳤던 밤을 끼워 넣어 박음질해요
질서와 순리라는 단어를 간단히 실밥 처리 시키면

저 멀리서 맞물린 톱니 돌아가는 소리 들리네요

보름밤마다 도망치는 밤을 잡는 것을 허용하겠어요
속울음 절은 방안을 누군가 엿보는 것은 싫거든요

오늘을 완성시키려면 이제 잠을 자야겠어요

가을 고등어

경계 너머에는 공포가 있다

목숨을 지키기 위한 위장복도
수많은 눈을 가진 그물을 속이지는 못했다
걸리는 순간
고향바다가 띄운 기다린다는 편지에
이별이라는 답장을 바람에 부쳤다

바닥까지 따라온 고향 냄새는 짙었지만
정작 자신의 색을 고등어에게 주었던
파도의 손길은 떠난 지 오래다
배에 오르자마자 생을 마감한 그들에게 어부는
얼음에 담긴 만큼의 바다를 돌려주었다

어시장 좌판
불빛을 좋아한 죄로 잡혀 온
죄인 아닌 죄인들이
배를 은색으로 물들인 채 파도를 가르며
죽어서 절정의 인기를 누리고 있다

경계를 지나면
바다의 이후에서

끝이 아닌 시작을 보상 받는 그들
묵언의 비릿한 맛이 고향을 헤엄치고 있다

독서하는 소녀상

어떤 내용이 들었는지
뜯겨나가 줄거리를 알 수 없는 책

나는 침묵에다 별 다섯 개를 그리고
풀리지 않는 글귀를 애써 떠올려 본다

독서모임의 낭랑한 책 읽는 소리도 멀어져
독서하는 소녀상만 홀로 자리를 지키고

보고플 것이라는 마음을 검푸른 이끼로 쓴
폐교되어 회원 없는 동아리는 자동 해체되었다

검정 고무신으로 냉기를 감싼 한쪽 발이
고무신 문수를 키운 세월에 등 떠밀려
아이들 찾아 나선 걸음이 위태롭기만 한데

내년에는 올지도 모른다는 기대에
서둘러 남은 책장을 넘겨보지만
인사 한마디 없이 떠나버린 아이들이 그리워
넘기던 책장을 펼친 채 추억을 끌어들인다

참 잘했어요를 줄 수 없다는 선생님 말씀

퇴고의 검은 흔적으로 익은 독후감은 발효되고
이제는 시끌벅적하던 아이들의 목소리도 사라져
물소리만 가득 찬 교실

뜯겨진 책장이 날아간 곳으로 온몸을 열어두면
소녀상의 글 읽는 소리 낭낭하다

소라의 비밀방

화려한 도시를 좇아 바다를 버린 소라게
다리 뻗을 곳 없는 무주택 신세에
울컥 비린내 나는 고향이 그리워진다

소금에 절여지던 바다에 몇 차례 태풍이 지나가고
내몰린 적막이 찾아왔을 때
하루에도 수없이 모래톱의 옷을 입혔다 벗기던 파도가
밀어올린 빈집 한 채
통풍이 되지 않는 뿔 돋친 방안에
자투리 햇살이 세를 들고 있다

바람이 들려주는 세상 소식에
집 떠난 소라게의 행방은 들어있지 않아
살 깎아내는 모래찜질에 지쳐가는 소라껍데기엔
소라게의 체취가 점점 엷어져가고 있다

가리비 새조개 바지락의 소리를 빼앗아버린 바다지만
나선으로 꼬인 비밀방에 꼭꼭 숨긴 소라의
파도 소리만은 빼앗지 못했다

매사에

계산기를 두드리는 집주인의 갑질에
서러운 객지생활이 버거울 때마다
소라게는 비밀방에서 들리는
모자반 미역 다시마가 숲을 이루던
고향의 파도 소리에 날개를 단다

뿔을 겨누다

낡은 가죽으로 남았던 소들이
대물림되던 선한 꿈을 접었다

자신을 위해 한 번도 저항을 해 본 적 없는
핏줄은
풀의 성질만 기억하는 유전자를 가진 그들이었다

어느 날
믿었던 약속이 자신들을 기만했을 때
자탄에 빠진 그들은 먹구름 몰려드는 속에서
순종에 길들여진 자식들의 눈을 보았다 그리고
다시는 붉은 말에 속을 수 없다며
내부의 바람이 폭풍으로 변하는 것을 느꼈다

뒤집어씌우기로 위장된 거짓뿐인 진실
불면만으로는 자식의 미래를 지켜줄 수 없다며
참회 기회를 거부한 엉덩이 뿔난 자들을 향해
고향의 초원과 숲이 타이르던 말을 각인한 뿔을 겨눴다

간격이 맞지 않는 톱니를 억지로 돌리려고
천칭의 진리를 무시하는 어리석은 몇몇

꺼지지 않는 촛불을 외면한 채 눈과 귀를 닫고 있다

짓밟힌 순종이 뿔을 벼르고 뒷발을 차면
태풍이 몰아치기 직전의
목 쉰 고요가 허공에 소용돌이 친다

가죽으로만 남았던 소들의 성난 외침이
그림자 없는 나라로 해를 끌어들이기 위해
다시 촛불을 켜고 있다

장뜰장

새벽이 미싱 위 잠든 어깨를 흔들면
잠을 눈꺼플에 매단 침구사는 서둘러
조각이불을 장마당에 깔았다

사람보다 보따리를 더 많이 실은
첫 버스가 도착하고
돗자리 만한 자리를 재계약한 땅만 파던 촌노들
구수한 사투리 입담까지도 덩달아
손님들에게 생기를 팔고 있다

허공 관통한 외침들이 지나가는 발목을 붙잡고
직거래는 시작됐지만
신토불이를 고집하는 한 옆에서
인기를 끄는 것은 값이 헐한 수입산이다

그날그날 조각난 하루를 이어붙인 사람들
봄의 연둣빛으로 시작해
가을엔 노랗고 붉은빛으로 장식되지만
국밥집 뻥튀기 대장간만은 늘 같은 색을 고집한다

닷새 치 소식을 한꺼번에 듣게 되는
이제는 가족이 되어버려 눈빛만으로

서로의 사정을 알아채고 손을 잡는 장터

파장을 알리는 겨울 해가 노파의 손에 떨이되면
소란하던 낮은 어둠에 갇혀
돌아오는 대목장을 열기 위해
닷새의 밤샘을 준비하는 손
자투리 천에 떠들썩한 장터가 마름질되고 있다

시한부 가을

얼마 남지 않은 생명이 연장 장치에 의지해 있다
절정일 때 바람에 선택 받고 싶은 소원은
화려함을 유지하기 위해 필요한
수분과 햇살 두 마리 토끼를 갈망했다

저장했던 젊음을 덜어주고 있는 연못
자신을 위해선 연장 장치를 쓸 수 없어
기를 탕진한 수면이 창백하다

자의와 타의엔 어떤 관계등식이 필요할까

선택받지 못한 감국과 도토리 잎이
죽음의 색인 갈색에 붙잡혀있지만

한 장의 유리 같던 수면에도
숨길 수 없는 이음매가 있는지
불타는 이파리는 뜨겁던 여름을 품고
저항 없는 침묵으로 가을을 붙잡고 있다

한물간 생들의 준비된 영원함
초라한 인내보다 떠날 줄 아는 뒤태가 있어
오늘도 허공은 가장자리를 한껏 벌리고 있다

\>
지척에 겨울의 기척이 느껴지지만
바람의 손길을 거부하고 싶은 것은
미련이 아직은 절정의 시간에
머무르고 있기 때문이다

시한부 가을 위로
별똥별 하나 떨어지고 있다
누구 하나 선뜻 안녕이라 말하지 못했다

별비를 본 것같은 아침

구름 벗겨진 틈 사이로 언듯언듯 보이는 별
하늘 가득 채운 별을 본다는 소원은
생각도 말라는 듯 한쪽 하늘은 비를 뿌린다

발정난 고라니가 지르는 교성을
뒷산 소쩍새가 받아넘기고 있는 늦은 밤

불멍 산멍 멍들이 유행인 요즘
별멍이나 때리자 마당에 누워 하늘을 본다
시답잖은 생각은 애저녁에 집어치우라며
몇 개 안 나온 별들마저 깔아뭉개며
검은 구름이 훼방을 놓는
실패한 멍때리기

아무 짝에도 쓸모없는 오기는
별비라도 못 맞을 바엔 차라리
밤비라도 흠뻑 맞겠다 눌러 앉았는데

꿈비라도 맞았는지 아침자리에서는
쏟아지는 밤비에 섞여내리던
수없이 반짝이는 별비를 본 것도 같다
허여면서도 눈이 시리던 기억을 소환해보지만

\>
땅 위에 밤비가 지나간 흔적
아무도 보는 이 없는 밤 사이
키를 훌쩍 늘린 초록 사이로
술래에게 들키지 않게 숨은 별비의 꼬리가 보였다

진실 게임

미라의 주인은 박새였다
늘 목에 매고 다니던 넥타이로
단단히 발목과 날개를 옭아매고 있다
속 빈 뼈를 감싼 육신은 무겁다고
털까지도 바닥에 떨궈놓고 간 주검

추녀 밑 물받이에 집을 지은 건
우리 품에 깃들었던 박새가 맞다고
알까지 낳고 살고 있다 우기는 남편
국적을 바꾼 녀석을 내 손으로 묻어주었는데
혼돈이 끼어들자 순간 하얘지는 판단력
진실과 거짓 사이를 방황하고 있다

휘어진 등의 무게가 같은 새들과 날아갔을까
풀잎 냄새 그리워
송진 냄새 그리워 머뭇거렸을까
생의 부스러기라도 쥐고 싶어 멈춰섰을까
이승에서 저승으로 가는 길에는
어떤 모양의 가면들과 함께 했는지

창문을 열면 상쾌한 바람보다 먼저
거름 냄새가 성큼 발을 들이는 현실

>
승패 갈리지 않는 남편과의 진실게임은
지는 자가 이기는 자라는 어머님 말씀이
날선 마음을 다독이며 긍정을 판결한다

색들의 비망록

황토에 초록을 섞으니
무지개가 피어났어

꼼지락대는 발밑이 간지러워
웃음은 떠날 생각조차 못했지만 슬그머니
도둑고양이 빈 자린 비둘기가 차지했어

초록만 믿고 마음을 놓았던 잡초는
호미날에 빨간 줄을 긋고 말았지

길게 뻗어 나간 이랑과 고랑 사이에서
다음 날이 꼼꼼히 준비되고
밤마다 벼랑으로 떨어지는 꿈을 꾸며
색들은 키를 늘였어

영원을 믿지 않는 그들
겸손의 색을 기본으로 함께 가꿨지

허공 위에 인내를 걸어놓았던
거미가 집을 버리고
막 숫돌에 벼린 시퍼런 날이
베어버린 인정과

하늘 높이 날아오른 사정에
울컥 게워내는 노을이 더해지면

발밑에선 또 다른 무지개가
아무도 모르게 온갖 색 섞을 채비를 하고 있어

가을

떨쳐버릴 수 없는 울음이 쌓이면
포옹은 떠난다는 의미인 것을
부칠 곳 없는 마음을 반납해야 하는
짧은 인사만 남은 길목엔 이정표가 없다

허공을 뚫을 수 있다는 틀린 계산은
웅크렸다 일어서는 것이 일인 바람의 셈
가을이라는 역에 나를 내려놓고
봄이라는 기차를 기다리며
스스로 뒤태 쓸쓸한 모습이 된다

이유도 없이 슬픔이 깊어만 갈 때
발효된 이별이 내 이름을 부르면
주위는 정신줄 놓아버린 불붙은 인사뿐이다

잎들의 체온을 나눌 수 없어서 서러운
길들여진 말들은 온도가 떠날 때마다 바스라지고
색들은 묵언으로 안녕을 말하려 하지만
사람들은 계절을 생각하며 조금씩 질식해 간다

흐려지는 가을의 뒤쪽으로 봄의 기차가
빙판이 된 선로를 들어올리고

뒤꿈치 들고 내리는 빗살마다
뭉텅 딸려오는 가슴 시린 목 메인 그리움

겨울을 뒤집어 한기 가득한 뿌리를 흔들면
되돌아갈 수 없는 서리꽃 하얀 저 마지막들

4부
설중매 봉오리 터지는 소리
잣눈 속에 묻히고

늦은 11월에는 추억이 내린다

아메리카노를 시켰다
자욱하게 눈이 날리고 있다

소담스럽게 날리는 눈은 세상을 지우고
서로 꼭 끌어안은 채 환호성을 지르며
손을 내밀어 눈을 맞고 있는 우산 속 연인
서툰 솜씨로 짠 털목도리를 걸어주는 내게
이유도 밝히지 않고 이별을 통보하던 애인이 생각났다

버림받은 여인이 되기 싫어 선수를 치던 내가
나머지 반쪽을 찾았다고 방심한 순간
한심하게도 멋지게 당하고 만 서글픈 추억

합당한 이유를 찾기 위해 밤새 눈을 밟았다
소리를 삼킨 눈물을 눈물雪水로 위장하고
눈빛으로 어둠을 걷어내던 처량한 밤이었다

잊었다고 믿고 있던 마음이
아린 통증으로 되돌아오고
한 번쯤 만나 이별의 이유라도 물어보고 싶은데

\>
옛 애인의 얘기를 꺼내도 질투 없는 남편을 보며
낡은 부대에 담긴 편안한 몸이
다 부질없다는 현실로 돌아온 순간
평소와는 정반대인 주문
"진하게 부탁드려요"

늦은 11월 첫눈 오는 날 커피를 시키면
염치 없는 옛추억이 덤으로 따라나온다

눈사람

내 주인은 성악설을 믿었어
몸속 가득 음지의 비밀을 넣어놓고
결백한 흰색으로 포장해놓았지

굳은살 박인 일 없는 생을 받았으면서도
햇볕을 적이라 불러도 좋을지
솔가지 붙인 눈썹을 찌푸려보아도
예각으로 벌어진 두 팔은 반가사유의 의미조차 몰랐어

그늘이 적소인 내 몸과
어둠 속에 존재하는 악과의 사이를
절친인가 주종관계인가 고민하는 사이에도
태양을 초빙하는 중요한 일은 항상
태양이 없는 곳에서 시작되었어

슬슬 복종이 굴욕이라는 의심이 커져갈 때
검은 흔적들을 지우고 싶었지만
108배의 간절한 기도도 효험 없고
뻔뻔한 적들은 내 행동에 가중죄를 더해
너무 큰 대가를 요구하고 있어

\>
체념이 빨라 복종의 기간이 길었던 몸
흑색으로만 살았기에 밝은 색을 몰랐던 인생은
비밀을 지키기 위해 굳게 입을 닫아야 했어
그리고 전혀 다른 생을 사는 세상에선
떠난 자리에 추한 흔적 대신
아름다움으로만 새겨진 삶을 살고 싶은데
하늘에서는 또다시 함박눈이 내리고 있어

PM & AM

14:00

다시 시작이다
거미줄에 걸린 먹잇감에 촉수를 꽂고
며칠 치의 양식인가 계산한다
언젠가 나도 그들의 먹이가 될지 모른다는
도태를 인정하기 싫은 몸짓은
도덕과 양심을 성과로 위장하고 있다
채근의 강도를 높인 상사의 양손엔 당근과 채찍이 들려있다
느슨해진 넥타이와 허리띠를 조이지 않으면
내일 아침 사라진 책상을 마주해야 된다는 두려움에
소신을 포기하는 법과 어느 줄에 설 것인가를 재빨리 배워야 한다
pm이라 외치는 태양 옆으로 희미한 낮달로 위장한 술 취한 밤이 걸려있다

02:00

습관은 시간이 AM의 정점을 찍은 몇 시간 뒤 시작된다고 믿는 오류에 빠져든다
깊게 잠이 든 사이, 광란에 빠져있는 사이

내려놓지 못한 욕망을 어둠으로 가린 채
밤의 그라인더로 오늘의 촉수를 날카롭게 갈고 있다
비밀을 감추기 위해 침묵을 필요충분요건으로 챙기며
AM은 암막을 드리운 채 시작을 알리고 있다

책들의 감정

사십 년 전의 약속이 아직 감금되어 있네요

두께를 더한 먼지를 양탄자처럼 말면
놀랍게도 숨겨진 책들의 감정이 선명히 드러나요

 책장을 짠 목재는 나무 심는 남자가 심은 것이었을까요 대물림되던 약속을 믿었던 책들은 실망하여 아마 책도둑을 애타게 기다렸는지도 몰라요 잘못 꿰어진 첫 단추는 다시 꿰지 않는 한 어떤 주인을 만나던 자신의 신세가 선량한 농부 모리츠와 같을 테니까요 책들의 감정은 우유부단한 햄릿을 닮았거든요 원기왕성한 희랍인 조르바의 열정을 가졌어야했는데 말이에요 체게바라의 혁명이 절실히 필요한 곳이 아마 이곳 아닐까요

구부러진 어머니의 무릎과 허리로 버틴 책장
만족을 외면하고 반항을 택한 아들에게
책들은 무수히 많은 위험신호를 보냈지만
유혹에 중독된 자식은 결국 살라미*가 되어버렸죠

무슨 일일까요
감금이 풀린 책상 위에

시각 청각 후각이 책 대신 자리를 잡고 있네요

체온과 교환되는 책들의 감정
사전답사를 마친 계산이
퀴퀴한 냄새가 얼룩말을 키우던 책장을 발굴하고 있어요

각자의 이름 앞에 중고中古라는 이름이 추가되면서

* 운이 다한 사람을 뜻하는 쿠바어

매듭단추

'우짠다냐 알았다가 이저쁘리면 황천 간다는디'
매듭단추를 매고 있는 어머니의 손끝이 떨고 있다

싹둑 잘려나간 모본단 저고리
가장 아끼시던 옷이 열 살 딸아이의 바느질감이 되자
딸에게 버선을 마름질하여 바늘을 잡게 했다
당신 마음에 들 때까지 되풀이되는 박음질
여린 손가락에 못을 박았다
수늙은 서로 반대로 두는 거라며
몇 번이고 당부하던 말씀이 잠결에도 회초리를 들었다

버선을 지으시던 어머니가
버선목에서 활짝 웃는 자매의 모습을 꺼낸다
하얀 세모시 앞섶에선 미소가 예쁜
친정어머니 손길이 베어나오는지 울음을 끼워 넣어 박음질한다

눈썰미 좋은 셋째 딸이
어깨너머로 배운 매듭단추
어머니는 웃음 대신 한숨을 쉬셨다

\>
이제는 공단 양단에 깨끼며 모시까지 척척 지어내는
솜씨 좋은 딸자식이 안쓰럽다
햇볕 잘 드는 창가에 자릴 잡고
자투리 끈으로 매듭을 묶으며
매는 법을 잊어버려 황천길 밟지 않게
딸자식의 기억을 꽁꽁 묶고 있다

11월의 독백

겨울=죽음이라는 등식은 성립될까요?
섣부른 판단은 사양할래요
지금은 더하기가 아닌 **빼기**의 시간이지만
농부들에겐 반가운 더하기의 시간이예요

작년 제 밥그릇 안에서 겨울을 나는 깡마른 몸을 봤어요
개들은 꼬리에 코를 묻어 추위를 피한다죠
11월의 나무들도 그런가요?
밤을 새워가며 난무하던 임종의 말씀
뿌리를 덮은 유언이 포근하군요

밤이면 누가 내 이름 부르는 소리를 들어요
하지만, 세 번 부를 때까지 대답할 수 없어요
한 번에 대답하면 큰일을 치르거든요
또 다른 시작을 알리는 이름이 불려진다는 것은
식은땀 나는 일이죠
왜 초연히 죽음을 받아들이지 못 하는지
11월의 나무들은 저렇게 겸허하고 당당한데

바람의 발자국 소리를 듣기 위해
낙엽은 땅에 귀를 대고 있어요

가지의 이파리 흔적이 채 지워지지 않았는데
잎 틔우고 꽃 피웠던 절정의 순간은
이제 나이테에 깊이 새겨져있어요

뭉텅뭉텅 뜯겨져나간 들판을
꽃무늬 화려했던 홑청 벗겨진 솜들이
군데군데 퍼즐 조각을 대신하고 있어요

대기 발령 난 봄을 부르기 위해
가석방 있는 기결감방엔 날짜를 지우는 임무가 추가
됐어요

그들의 일기는 끝나지 않은 진행형이다

아픔이 담긴 일기를 읽고 있다
다독이면서 정독으로

하루하루 일기를 꾸준히 써왔던 사람이나
건성으로 쓰는 시늉만 해왔던 사람이라도

떠나기 싫었던 육탈의 몸짓은
숨겨둔 말을 해야 했기에
마지막 썼던 기록에 진실을 적고 있다

자신이 썼던 생의 바닥을 미처 말하지 못한 주검들
거짓이 사라진 일기장을 내보이면
망설임 없이 Y자 지퍼를 열고 글자를 해독한다
몸에 새겨진 암호화된 글자를 읽는 것은
노련한 법의학자의 몫

글자를 방해하는 눈물
책장을 덮고 싶은 울분을 누르며
마음의 얘기에 귀를 기울여야 한다

여며지지 않는 지퍼를 채우면
겉과 속 모든 장을 독후감 몇 장으로 마무리 지으며

부검의는 또 다른 일기장을 펼친다

마지막을 공포와 후회로 적어진
?를 제기하는 이에게 !를 내밀기 위해
지금도 그는 진행형인 일기를 읽고 있다

떠나지 않은 천재

누가 그를 패배했다고 했는가
누가 그를 골품제에 두 무릎 꿇었다고 했는가

핏발을 세우며 신분제를 고집하던 자들 손에
결국 신라는 망해버린 것을
과거 속에 묻혀버린 것을

마을 중심에 위치한 무성서원
신분 가리지 않고 학문의 기회 제공하며
항일 의병활동의 거점지였던 이곳에
선정을 베풀었던 최치원의 생사당이 세워졌다

떠난다는 것은 자리를 비워주는 것
그 자리 아직도 채워지지 않았는데
다시 올 수 없는 천재 중의 천재였기에
아무 힘없는 고단한 백성들은
모든 걸 내려놓은 그의 용기에 머릴 숙인다

황소*를 굴복시킨 힘찬 문장의 힘도
만 리 밖의 고향**을 그리는 나약함을 드러냈지만
일부러 흐르는 물로 온통 산을 감싸네***
노래하며 신선이 된 고운 최치원

>
지하에서 아직도 시무10조로
변화와 포용을 바라고 있기에

과거의 역사를 미래로 끌어올리며
그의 개혁은 아직 진행형이다

* 토황소격문 討黃巢檄文
** 추야우중 秋夜雨中
*** 제가야산독서당 題伽倻山讀書堂에서 차용

二月의 밤

곡차가 땡중을 주저앉혔다
젊었으면 자신도 국가대표가 됐을 거라며
올림픽이 개최되는 도시에 마음이 가 있다
잔치국수가 불기 시작했고
포장마차 안 손님들은 점점 술이 되어갔다
술이 발목을 잡고 있는 땡중의 주머니 속
딸의 머리가 나비리본을 흔들며 같이 술을 먹었다

우리 선수들이 잘하고 있다고 하자
자기가 갔어도 금메달을 땄다며
배코 친 머리에 염주 대신 메달 거는 시늉을 한다

국수는 퉁퉁 불어있고
술이 된 손님들이 짐승이 되어가자
화력 좋은 숯불 위
열 받은 조개들은 나비가 되어 날아올랐다

반월도를 쥔 그믐달
앙칼진 소리로 울고 있는 바람을 베러
우듬지로 팔을 내리치는 二月의 밤

시상대에서 울려 퍼지는 애국가를 따라부르며

밤의 빙판 속으로 미끄러져 들어가는 사람들
불어터진 국수 가닥이 나비가 된 조개껍데기가
떨어지지 않겠다는 듯 착 붙어 미끄러지고 있다

풍경이 달린 집

날짜와 요일이 실종된 그곳엔
등허리를 추녀에 붙잡힌 풍경이 있다

바람의 파랑이 일 때마다
물속을 헤엄치고 싶은 본능을
체념이란 말로 위장해보지만

포기할 수록 진하게 드러나는 그리움
작동 멈춘 시간이 되어 울음으로 매달려있다

호적에도 이름을 올리지 못한 집
복제되길 거부했던 토라진 기억은
언제나 앞설 줄 몰랐던 거스러미 많던 후회와 함께
뭉뚱그려 조화된 화음으로 울려보아도
한 식구라 믿었지만 본분 잃은 녀석들은
처음 보는 경계대상도 가족으로 반기고 있다

밤새 소리 죽여 보따리를 싸던 송이눈을
매섭게 내쫓던 바람
미처 챙겨가지 못한 보따리들이
따비밭 군데군데 놓여있는데

＞
이제는 녹아들어 지워졌다 믿었던
숨조차 쉴 수 없던 가슴 저민 그리움이
아직도 간간이 여진으로 남아있다

독신자 아파트

골목 입구에 깊은 밤이 도달할 때면
짧은 하품과 기지개를 켜는 곳이 있다

술래에게 들킬까 봐 기척도 못 내고
혼밥 혼숙이 함께하는 곳
뭉치면 살고 흩어지면 죽는다는 구멍들의 집합체가
밤이 되자 한껏 입을 벌리고 본색인 야행성을 드러낸다

비발디의 사계를 듣고
홀로서기 삶을 소리 내어 연습해보지만
같은 크기 같은 장소에서
제각기 다른 삶을 살고 있는 호모사피엔스
저마다
남보다 빨리 행운을 잡기 위해
언제 꺼질 줄 모르는 거품을 밟고 까치발을 돋우지만
스러져버리는 것들은 언제나 불안이 앞선다

뱃속에서부터 둥글게 사는 법을 배웠지만
가진 그릇에 만족할 줄 모르는 그들
욕망이란 예각의 날을 세상에 겨누고 있다

\>
구멍에서 나고 보고 듣고 숨 쉬며
언젠가는 구멍으로 돌아가야 할 사람들

스위치를 켜는 순간
낮 동안 잔고가 바닥난 배터리를
충전하느라 소란스럽다

폐광촌

아직도 한 쪽 발을 빼가지 못한
등 떠밀린 세상을 힘겹게 쥐어야 했던 사람들
시간과 색깔이 실종된 마을에
올해도 어김없이 회색빛 눈이 내린다

죽어서나 가질 수 있는 너무나도 먼 행복
검둥이라 불리는 그들의 그림자는 유난히 검었다

울분이 일 때마다 하늘로 흘려보낸
가슴속 삭이지 못한 울화병이
허공을 쥐어뜯으며 시커먼 가슴으로 날리고 있다

서로의 등을 내어주며 살던 곳
주인 잃은 이불 홑청이 탄가루의 켜를 보듬고 있는 곳
방안에 누워 가만히 귀 기울이면, 그 옛날
탄맥을 뚫던 오거드릴 소리가 들려온다
탄재에 절은 막장 속 쉰 목소리도 들려온다

이제는
침묵이 내려앉은 마을을 탄재더미가 지키고
언뜻 제설차가 마을 입구를 밀 때
회색빛 눈사람이 발견되면

갱과 바깥을 오가는 권양기 소리도 따라 발굴된다
잿빛 세상을 밀어내며 찬바람이 기척이라도 하면
누군가의 망가진 폐를 탈출한 밭은기침이
힘겹게 방문을 여는 모습이 보이는 폐광촌

잊혀져가는 이곳에는 아직도 뜯긴 가슴들이
회색빛 눈이 되어 내리고 있다

실

전생은 생각하지 않기로 했다
폴리에스테르사로 환생한 나의 업은 결혼설계사
강남의 마담뚜 코머사 견사도 있지만
난 오래 서민들을 연결해주는 동업자로 스판사를 택했다

가죽 무명 모피의 잘려진 조각들
내가 지나간 자리마다
떨어질 수 없는 연緣으로 다시 태어난다

가끔 구석기시대 호모사피엔스의 옷을 중매해주었던
조상들을 생각하고 고딘 신역에 고개가 숙여진다
무봉茂峰의 천의는 우리 존재를 위협하는 적
부지런히 바늘구멍을 나락들락하는 일은 우리의 천직이다

혼자 일하는 것을 좋아하는 나도
가끔은 다른 뚜쟁이와 공동작업을 한다
차가운 금속터널을 막 빠져나온
우리가 연을 맺어준 옷들의
바람을 가르는 날갯짓 소리가 환호성 치면

＞
거리엔 온갖 날개로 치장한 몸들이 날아오르고
내 손은 또 다른 연을 맺어주기 위해 바쁘게 움직인다

폐가는 안녕하십니까

시도때도 없이 노후된 삭신들은 비명을 질러댔다
먼지가 되어 풀석 날아오르는 경고
새들은 흔히 일어나는 일상으로 여겼다

시간이 빠져나간 곳에는 입주민이 없다
주저앉는 것들과 날아오르는 것들이 함께 사는
허공이고 땅이 되는 곳에서
그들은 한 치 앞도 볼 줄 몰랐다

기둥에 이어 대들보마저 벌레에게 내어준
통제할 수 없는 먼지로 내부를 채운 곳
집을 잃어버린 미스코리아 진이
달력 속에서 통통한 건강미를 뽐내고

허공에 지은 새집이 허물어질 때마다
곳곳 중증의 장애를 가진 틈으로
쓰다 버린 햇볕이 힘겹게 들어오고 있는 집
겨울이 오면 뼈다귀뿐인 무덤 속에서 지낼 그들도
 가을이 오자 낙엽을 긁어모아 부칠 곳 없는 방점을
찍는다

 숲 냄새가 그리운 새들의 절규를 무시하는

여유 없는 시간이 선택한 크레졸 냄새 밀려드는 한밤중

찬장 속 그릇이 와르르 쏟아지고
다락 깊이 숨겨둔 야한 잡지가 쏟아지고
추억을 쌓아두었던 먼지도 보란 듯이 피어올랐다

새들을 물고 있는 폐허 속 토막 난 나무들 사이
새물내 번진 빛바랜 그리움이 단단히 못질을 한다

작년 11월 같은 올 정월

산이 나무의 몸을 빌려 귀곡성을 터트리던 날
사흘 밤낮을 그치지 않고 눈이 내렸다

잿빛으로 은폐된 소리 없는 비행은
적막 깃든 허공 가득 별들을 데려왔는지
햇볕에게 오롯이 정체를 들키는 순간
몽상에 빠져있던 행보가 갈길을 서두른다

이별은 늘 같이 있는 거라며
판에 박은 듯한 위로의 말조차 건넬 줄 모르고
오랫동안 길들여진 습관은 무표정일 뿐인데

습관을 기억한 몸들이 치운 눈 폭탄들
장엄하기만 했던 흰색의 세상들을 토막 내면
아무도 관심 주지 않는 일상이 더께를 쌓아 간다

음모는 존재하지 않아
자연스럽게 실행되는 자연의 순리
내 삶을 따라 돌던 길들도
퍼부은 폭설에 고립되었다

챙기는 이 없어도 눈 섞임 물을 빨고 있는 나무

탈진된 시간 속에서도 두꺼워지는 볕이 있어
잔뜩 움츠러들게 했던 동장군에게
면죄부를 준 마음은
작년 11월 같은 올 정월이다

송이눈 오는 밤

그들의 교집합은 동행이었다

이별을 친구로 알고 살아가는
구순이 넘은 노부부와
백 오십 년을 살아온 집은 가족이었다

삭아 내리는 집의 삭신들이 비명을 지르면
부부는 서로의 등과 어깨에 파스를 붙여주지만
굳어가는 관절을 끝내 펴지 못하고
키 낮은 문지방을 네 발로 넘나들었다

아직 생각만으로도 눈물이 멍울지는
부모님과 부부의 영정사진이 나란히 걸려 있는
용마룻대 밑 세월이 퇴색된 벽
힘 좋던 시절을 놓쳐버린 묵은 서까래는
검게 그을린 채 가쁜 숨을 몰아쉬고 있다

홀로 남겨진다는 것이 두렵다는 걸 알기에
죽음은 무섭지 않다
부러진 관절에 떨리는 손으로 부목을 대주는
영감님을 명의로 알고 의지하는 집
매일 아침 서로의 기침 소리를 들어야 안심이 되는

마지막을 공통분모로 둔 그들은 서로의 등을 맞대고

청국장 앉힌 시루에 아랫목을 양보한
서로의 이불자락을 끌어다 다독여주는 부부
문풍지 밖 송이눈 소리 없이 쌓이는 밤
설중매 봉오리 터지는 소리 잣눈 속에 묻히고 있다

해설

센티멘털리스트의 마음과
숨바꼭질로서의 언어
― 홍순화의 시 세계

권 온 문학평론가

센티멘털리스트의 마음과 숨바꼭질로서의 언어
— 홍순화의 시 세계

권 온 문학평론가

1.

 홍순화는 자신이 해야 할 일을 알고 꾸준히 매진하는 성실한 사람이다. 2017년에 시인의 이름을 얻은 그녀는 2020년에 첫 번째 시집을 발간하였고, 2025년을 맞아서 새로운 마음으로 두 번째 시집을 펴내게 되었다.
 이번 시집에서 펼쳐지는 홍순화의 시 세계는 매우 넓고 깊은 영역을 포괄한다는 점에서 독자들의 다양한 욕구를 충족시킬 수 있다. 그녀의 시가 제공하는 넓고 깊은 스펙트럼의 근원에는 책 읽기 또는 독서가 위치한다. 시인이 제공하는 시에는, 그녀가 영향을 받은 시인들의 시와 동서고금의 보석 같은 작품들이 담겨있다. 우리는 홍순화의 시를 읽으며 김소월, 김기림, 김신용, 송찬호, 셰익스피어, 카잔차키스, 게오르규 등의 시인, 작가와 마주하게 되는 것이다.

　필자는 홍순화의 시집에서 「어느 잡초의 비망록」, 「시간 이탈자」, 「밤손님」, 「청무밭은 항상 정직하다」, 「가을 고등어」, 「별비를 본 것 같은 아침」, 「가을」, 「늦은 11월에는 추억이 내린다」, 「책들의 감정」, 「독신자 아파트」, 「11월의 독백」 등 11편의 시에 각별한 주의를 기울이면서 그녀의 시 세계를 살필 예정이다. 시인의 수준 높은 시편을 구체적으로 확인해 보자.

2.

　　사랑은 선택될 수 없어요
　　뜨겁게 심장 뛰는 사랑을 어떻게 계산할 수 있나요

　　왜
　　천칭 위에서 우리는 항상 도태되어야 하죠?

　　잡초라는 이름으로 출생신고가 되는 순간
　　천적의 눈을 피해야 하는 도망자 신세가 되는 걸요
　　낮 동안의 긴장은 밤이 되면 악몽을 끌어들여요
　　공포에 떨지 않았으면 좋겠다는 소원은 생각뿐인걸요
　　어느 누구도 고양이 목에 방울을 달겠다 나설 수 없죠

　　더 빨리 더 많이를 좌우명으로 삼은 우리에게
　　오늘 좋은 소식이 왔어요

연세가 많아 힘이 부치던 농부가
올해는 경제성 없는 이 밭을 포기했대요
그래도 간혹 경운기 소리가 들릴 때마다
온몸 쪼그라들고 식은땀 나는 습관은 없어지지 않아요

살아남고 싶어 곰삭아 들어가던 숨죽인 열망은
계절이 끝난 다음에나 번식으로 증명할 수 있어요

살다가 보니 이런 일도 일어나네요
이제 마음을 놓아도 될까요?
―「어느 잡초의 비망록」 전문

 홍순화가 주목하는 대상은 "사랑"이다. 인간이 경험할 수 있는 가장 고귀한 마음일 수 있는 '사랑'의 본질은 무엇일까? 누군가를 아끼거나 무엇인가를 소중하게 여기는 이 뜨거운 마음은 도대체 어떻게 발생하는 것일까? 시인에 의하면 '사랑'은 "선택될 수 없"고, "계산할 수" 없는 "뜨겁게 심장 뛰"도록 만드는 감정일 수 있다.
 관념적이거나 추상적으로 이해되기 쉬운 '사랑'에 대해서 홍순화는 "잡초라는 이름"을 붙인다. '잡초'가 잡초라는 이름을 얻고, 잡초가 된 계기는 필연적인 것이 아니다. 그저 그렇게 "출생신고가 되"었기 때문이고, "천적의 눈을 피해야 하는 도망자 신세가 되"었기 때문일 테다.
 '사랑'은 '출생'이고, '사랑'은 '삶'이고 '생존'이다. 시인에 따르면 '사랑'을 유지하기 위해서는 "긴장"과 "열망"의 열기를 견뎌야 한다. 그 뜨거운 열기를 온전히 인내할 수 있다면 "번식으로 증명할 수 있"는 기회가 다가올 것이다. 홍순화의 이 시는 이름 없는 '잡초' 같은 사람들에게도 '사랑'과 '삶'으로서의 온기가 허락될 수 있기를 곡진한 마음으로 희망한다.

    남자의 고독사를 알린 건 바람이었다
    마주보고 살면서도 모르쇠로 일관했던
    무관심이 부른 부패는 한 달이나 진행되었다

    그의 곁엔
    벽시계 하나만 걸려 있을 뿐
    화려했던 전생의 기록은 남아있지 않았다

    매일 되풀이되던 일상이 사라진 남자
    입버릇처럼 달고 살던 시간 없다란 말이 사라지자
    남아도는 시간을 주체할 수 없었다

    사각의 침대 사각의 이불
    사각형 냉장고 사각의 그릇에 담긴 음식
    사각의 세탁기에서 꺼내 입던 옷
    그의 주변은 온통 모가 난 불평만 있고
    굴러가지 못하고 모서리에 늘 혼자였다

    주식이 알코올로 바뀐 건 언제였을까

둥근 컵에 따라 마시던
　　모난 세상은 빙글 돌아 그의 편이 되어 주었을까

　　과거가 된 모 난 사내가 주소지를 옮기고 있다
　　―「시간 이탈자」 전문

　시인은 어떤 "남자" 또는 "사내"에게 집중한다. "그"의 현재는 "고독사"로 요약된다. '남자'의 "매일 되풀이되던 일상"은 "사라"졌고, 주위의 "무관심이 부른", '그'의 "부패는 한 달이나 진행되었다"
　독자들이 '그'의 상황을 이해하기 위해서는 "사각(형)", "모서리", "모" 등의 어휘에 유의해야 한다. '그'의 주변에는 "사각의 침대", "사각의 이불", "사각형 냉장고", "사각의 그릇", "사각의 세탁기", "모가 난 불평", "모서리", "모난 세상", "모 난 사내" 등이 위치한다. 홍순화가 이 시에서 형상화하는 '그' 또는 '남자'는 "시간 이탈자"이다. '그'는 '현재'에서 이탈하여 "과거가 된" 인물이다. 시인은 '삶'에서 '죽음'으로 이동한 '그'를 '사각(형)', '모서리', '모' 등의 어휘로써 구체화하는데, 여기에서 독자들은 송찬호 시인의 시집『흙은 사각형의 기억을 갖고 있다』를 소환할 수 있다.

　　낮에는 내 것이던 마당이
　　밤에는 고라니 차지가 된다

　　갈잎 밟는 소리가

>   단잠을 깨웠다는 짜증은
>   호되게 호통 한번 칠까 망설이다
>   그까짓 노는 마당 빌려준 게
>   무어 그리 대수냐는 생각에
>   선선히 마음을 접었었는데
>
>   제풀에 두려워 똥 한 무더기
>   푸짐히 싸 놓고 간
>
>   밤
>   손
>   님
>   ―「밤손님」 전문

　시적 화자 '나'는 "마당"을 소유한다. 흥미롭게도 "낮"과 "밤"의 차이에 따라서 '마당'의 소유자가 바뀐다. 엄밀하게 말하자면 '마당'의 소유자는 '나'이지만, "고라니"가 특정 시간에 '마당'을 무단으로 사용한다.
　'고라니'가 '마당'을 "차지"하는 시간은 "밤"이다. '나'의 허락도 없이 '고라니'는 마당에 들어와서 "갈잎 밟는 소리"를 낸다. '나'는 '낮'에 '마당'을 소유하는 '주인'이지만, '밤'에 마당을 점유하는 대상은 "밤손님"으로서의 '고라니'이다. '나'는 마당에 무단으로 침입하여 "단잠을 깨"운 '고라니'에게 "호되게 호통 한번 칠까 망설이"기도 하였으나, "그깟 노는 마당 빌려준 게/ 무어 그리 대수냐는 생각에", '고라니'를 향한 분노의 "마음"

을 가라앉힌다.

　이 시의 3연과 4연은 '고라니'의 신선한 매력을 발산하기에 부족함이 없다. 갈잎 밟는 소리를 내어서 '나'의 단잠을 깨웠을지도 모른다는 두려움의 감정을 "푸짐히 싸 놓고 간", "똥 한 무더기"를 통해서 해소해 버리는 밤손님은 유머러스하고 개성적이기 때문이다.

> 바다만 따로 떼어 액자에 넣었다
> 바람이 일 때마다 출렁이는 초록파도에겐
> 완성되지 못한 꿈을 맡겼다
>
> (……)
>
> 뒤뚱거리며 한쪽으로만 날고 있는 나비는
> 벗어버린 허물의 환상통을 앓고 있는지
> 푸른 잎 활짝 펼친 청무밭 초록파도를 따라
> 살 오른 날갯짓이 한창이다
> ―「청무밭은 항상 정직하다」부분

　이 시의 제목으로 "청무밭은 항상 정직하다"를 선택한 홍순화는 정직한 사람이다. 시인이 이 작품에서 활용하는 주요 어휘로는 "청무밭", "바다", "나비", "환상통" 등이 있다. 그녀가 사용한 '바다', '나비', '청무밭' 등의 단어는 김기림의 시 「바다와 나비」와 연결되면서 상호 텍스트성을 지향한다. 또한 홍순화가 선택한 시어 '환상통'은 김신용의 시집 『환상통』과 긴밀한 관련성을 맺는다.

  신선하고 탁월한 예술적인 역량을 제공하였던 김기림 시인, 김신용 시인 등과 시적인 영향 관계로서 연결될 수 있다는 점에서, 홍순화 시인은 선배 문인들의 올바른 전통을 정직한 방식으로 계승하는 예술가로서 평가될 수 있다.

    경계 너머에는 공포가 있다

    목숨을 지키기 위한 위장복도
    수많은 눈을 가진 그물을 속이지는 못했다
    걸리는 순간
    고향바다가 띄운 기다린다는 편지에
    이별이라는 답장을 바람에 부쳤다

    바닥까지 따라온 고향 냄새는 짙었지만
    정작 자신의 색을 고등어에게 주었던
    파도의 손길은 떠난 지 오래다
    배에 오르자마자 생을 마감한 그들에게 어부는
    얼음에 담긴 만큼의 바다를 돌려주었다

    어시장 좌판
    불빛을 좋아한 죄로 잡혀 온
    죄인 아닌 죄인들이
    배를 은색으로 물들인 채 파도를 가르며
    죽어서 절정의 인기를 누리고 있다

경계를 지나면
바다의 이후에서
끝이 아닌 시작을 보상 받는 그들
묵언의 비릿한 맛이 고향을 헤엄치고 있다
―「가을 고등어」 전문

  1연과 5연에 공통적으로 제시되는 "경계"는 이 시에서 긴요한 역할을 담당한다. '경계'는 이쪽과 저쪽을 가르는 어떤 기준 또는 한계이다. 홍순화가 '경계'에 주목하는 이유는 그것의 "너머"에서 "그들" 또는 "가을 고등어"를 만날 수 있기 때문이다. 시인이 집중하는 '경계'는 '가을 고등어'와 조우할 수 있는 공간과 무관하지 않다. "바다", "파도", "고향", "배", "그물", "어시장 좌판" 등의 어휘는 '고등어'라는 이름의 물고기 또는 생선과 접할 수 있는 계기이다.
  홍순화는 '가을'이라는 계절과 어울리는 물고기로서 '고등어'를 제시하였는데, 우리는 '고등어' 이외에도 다양한 물고기들을 소개할 수 있다. 가령 '가을'과 연결되는 '전어'라든가 '겨울'과 이어지는 '청어', '꽁치' 등을 생각하게 된다. 또한 최승호 시인의 시 「북어」라든가 김기택 시인의 시 「멸치」 등 '물고기'를 활용한 우수한 시들을 시 「가을 고등어」의 이해에 참조할 수 있다.

구름 벗겨진 틈 사이로 언뜻언뜻 보이는 별
하늘 가득 채운 별을 본다는 소원은

생각도 말리는 듯 한쪽 하늘은 비를 뿌린다

발정 난 고라니가 지르는 교성을
뒷산 소쩍새가 받아넘기고 있는 늦은 밤

불멍 산멍 멍들이 유행인 요즘
별멍이나 때리자 마당에 누워 하늘을 본다
시답잖은 생각은 애 저녁에 집어치우라며
몇 개 안 나온 별들마저 깔아뭉개며
검은 구름이 훼방을 놓는
실패한 멍때리기

아무 짝에도 쓸모없는 오기는
별비라도 못 맞을 바엔 차라리
밤비라도 흠뻑 맞겠다 눌러 앉았는데

꿈비라도 맞았는지 아침자리에서는
쏟아지는 밤비에 섞여내리던
수없이 반짝이는 별비를 본 것도 같다
허여면서도 눈이 시리던 기억을 소환해보지만

땅 위에 밤비가 지나간 흔적
아무도 보는 이 없는 밤 사이
키를 훌쩍 늘린 초록 사이로
술래에게 들키지 않게 숨은 별비의 꼬리가 보였다
—「별비를 본 것 같은 아침」 전문

불확실성의 매력을 유감없이 보여주는 시가 여기에 있다. 이 시의 6연에는 "밤 사이"가 제시된다. 홍순화는 '밤과 아침 사이'에서의 움직임을, '밤부터 아침까지'의 진동을 제시한다. 시인은 '밤'과 '아침' 사이에서 다양한 가능성을 탐색한다. 그녀는 작품의 제목으로서 "별비를 본 것 같은 아침"을 선택하는데, 이와 같은 선택은 '별비를 본 아침'과의 차이를 형성하면서, 독자들에게 불확실성이 제공하는 자유로움을 제공한다.

　홍순화가 이 시에서 주목하는 핵심 대상은 "별"일 수 있다. '별'은 "소원"이나 "기억"과 연결되고 다채로운 계열을 형성한다. 우선 '별'은 "별명"으로서 "불명", "산명" 등과 함께 "명때리기" 또는 '명' 계열의 일원이 된다. 또한 '별'은 "별비"로서 "밤비", "꿈비" 등과 함께 '비' 계열을 구성한다. 그리고 '별'은 '별', '별명', '별비' 등으로 구성되는 '별' 계열을 이루기도 한다. 시인에 의하면 우리가 '별'을 관찰하는 시간은 '아침'이어도 좋고 '밤'이어도 좋다. '별', '별명', '별비' 등을 통해서 우리가 소원을 빌고, 기억하며, 꿈꿀 수 있다면 그것만으로도 충분하기 때문이다.

　　떨쳐버릴 수 없는 울음이 쌓이면
　　포옹은 떠난다는 의미인 것을
　　부칠 곳 없는 마음을 반납해야 하는
　　짧은 인사만 남은 길목엔 이정표가 없다

　　허공을 뚫을 수 있다는 틀린 계산은

웅크렸다 일어서는 것이 일인 바람의 셈
가을이라는 역에 나를 내려놓고
봄이라는 기차를 기다리며
스스로 뒤태 쓸쓸한 모습이 된다

이유도 없이 슬픔이 깊어만 갈 때
발효된 이별이 내 이름을 부르면
주위는 정신 줄 놓아버린 불붙은 인사뿐이다

잎들의 체온을 나눌 수 없어서 서러운
길들여진 말들은 온도가 떠날 때마다 바스라지고
색들은 묵언으로 안녕을 말하려 하지만
사람들은 계절을 생각하며 조금씩 질식해 간다

흐려지는 가을의 뒤쪽으로 봄의 기차가
빙판이 된 선로를 들어올리고
뒤꿈치 들고 내리는 빗살마다
뭉텅 딸려오는 가슴 시린 목 메인 그리움

겨울을 뒤집어 한기 가득한 뿌리를 흔들면
되돌아갈 수 없는 서리꽃 하얀 저 마지막들
―「가을」 전문

  홍순화가 이번 시집에서 주목하는 시적 주제는 '시간'과 관련된 경우가 많다. 그녀가 집중하는 '시간'은 아침이나 밤과 같이 하루의 부분에 적용될 수도 있고,

가을이나 겨울 같이 계절의 선택에 적용될 수도 있으며, 누군가의 삶과 죽음에 적용되기도 한다. 이 시의 제목인 "가을"은 계절로서의 시간에 해당한다. 시인은 계절의 다양성을 수용하면서 '가을'이외에 "봄"과 "겨울"도 추가한다.

  이 시의 주요 단어 중 하나는 "마음"이다. 홍순화가 형상화하는 '마음'은 "울음", "슬픔", "그리움", "이별", '서러움' 등 어떤 감정, 정서, 느낌, 심리 또는 그와 같은 다양한 마음의 무늬를 불러일으키는 계기와 긴밀하게 연결된다. 특히 인상적인 대목은 3연 1행의 "이유도 없이 슬픔이 깊어만 갈 때"이다. '슬픔'의 심화라는 '마음'의 상황이 아무런 이유 없이 그냥 발생했다는 진술이 독자들에게 주는 충격은 대단할 수 있다. 또한 이유 없는 '마음', '생각', '행동' 등이 축적되어서 우리는 '삶' 또는 '인생'이라는 이름의 거대한 '시간'과 마주하게 된다.

    아메리카노를 시켰다
    자욱하게 눈이 날리고 있다

    소담스럽게 날리는 눈은 세상을 지우고
    서로 꼭 끌어안은 채 환호성을 지르며
    손을 내밀어 눈을 맞고 있는 우산 속 연인
    서툰 솜씨로 짠 털목도리를 걸어주는 내게
    이유도 밝히지 않고 이별을 통보하던 애인이 생각났다

버림받은 여인이 되기 싫어 선수를 치던 내가
나머지 반쪽을 찾았다고 방심한 순간
한심하게도 멋지게 당하고 만 서글픈 추억

합당한 이유를 찾기 위해 밤새 눈을 밝았다
소리를 삼킨 눈물을 눈물雪水로 위장하고
눈빛으로 어둠을 걷어내던 처량한 밤이었다

잊었다고 믿고 있던 마음이
아린 통증으로 되돌아오고
한 번쯤 만나 이별의 이유라도 물어보고 싶은데

옛 애인의 얘기를 꺼내도 질투 없는 남편을 보며
낡은 부대에 담긴 편안한 몸이
다 부질없다는 현실로 돌아온 순간
평소와는 정반대인 주문
"진하게 부탁드려요"

늦은 11월 첫눈 오는 날 커피를 시키면
염치없는 옛 추억이 덤으로 따라나온다
　―「늦은 11월에는 추억이 내린다」 전문

　앞에서 살핀 시 「가을」에 이어서 "마음"을 향한 시인의 탐구는 이번 시에서도 지속된다. '마음'은 "통증", "이별", "애인", "추억" 등의 어휘와 연결되면서 시적 화자 '나'의 감정을 구체화한다. '나'의 '마음'은 "늦은

11월" 또는 '초겨울'이라는 계절과 "아메리카노" 또는 "커피"라는 대상과 함께 '추억'을 복원한다. 홍순화는 겨울의 상징으로서 하늘에서 날리는 "눈"을 도입하는데, 4연 2행의 "소리를 삼킨 눈물을 눈물雪水로 위장하고" 같은 시행에서는 인간의 눈에서 흐르는 '눈물'과 하늘에서 떨어지는 '눈물'을 동시에 제시함으로써, 동음이의어를 활용한 시적 언어를 구사한다.

  2연 5행에는 "이유도 밝히지 않고 이별을 통보하던 애인이 생각났다"라는 진술이 제시되는데, 여기에서 '이유도 밝히지 않고'는 독자들의 각별한 관심을 이끌 수 있다. '이유 없는 이별'이라는 극적인 상황 앞에서 우리는 삶의 우연성과 운명으로서의 인생을 발견하게 된다. 시「가을」에서 "이유도 없이"를 제안했던 시인은 시「늦은 11월에는 추억이 내린다」에서 "이유도 밝히지 않고"를 제공함으로써, 이유 없이 흘러가는 삶의 국면을 초겨울의 커피처럼 분위기 있게 형상화한다.

    사십 년 전의 약속이 아직 감금되어 있네요

    두께를 더한 먼지를 양탄자처럼 말면
    놀랍게도 숨겨진 책들의 감정이 선명히 드러나요

    책장을 짠 목재는 나무 심는 남자가 심은 것이었을까요 대물림되던 약속을 믿었던 책들은 실망하여 아마 책도둑을 애타게 기다렸는지도 몰라요 잘못 꿰어진 첫 단추는 다시 꿰지 않는 한 어떤 주인을 만나던 자신의 신세

가 선량한 농부 모리츠와 같을 테니까요 책들의 감정은
우유부단한 햄릿을 닮았거든요 원기왕성한 희랍인 조르
바의 열정을 가졌어야했는데 말이에요 체게바라의 혁명
이 절실히 필요한 곳이 아마 이곳 아닐까요
　—「책들의 감정」 부분

　홍순화는 앞에서 소개한 「가을」, 「늦은 11월에는 추억이 내린다」 등의 시에서 인간의 "마음"을 천착한 바 있다. 시인은 이번 시 「책들의 감정」에서 사물의 "감정"을 탐색한다. 그녀가 인간과 사물의 '마음'이나 '감정'에 주목한다는 사실 앞에서 우리는 홍순화를 특별한 센티멘털리스트로서 규정하고 싶다.
　시인은 이 시에서 "사십 년 전의 약속", "대물림되던 약속"을 이야기한다. 상당한 시간 또는 세월의 축적이 지향하는 곳에는 "책들"이 위치한다. 그녀가 소환한 책들과의 약속은 책들 속의 인물들과 우선적으로 연결된다. 가령 "선량한 농부 모리츠", "우유부단한 햄릿", "원기 왕성한 희랍인 조르바의 열정", "체게바라의 혁명" 등에 독자들이 주목하는 이유가 여기에 있다. 이제 '감정'은 '책들'이라는 사물을 뛰어넘어, 책들을 쓴 저자와 책들을 읽는 독자 그리고 책들 속에서 역동적인 움직임을 제공하는 다양한 인물들에게 두루 적용된다. 책들의 감정은 인간의 감정과 활발하게 소통하는 셈이다.

　골목 입구에 깊은 밤이 도달할 때면

짧은 하품과 기지개를 켜는 곳이 있다

술래에게 들킬까 봐 기척도 못 내고
혼밥 혼숙이 함께하는 곳
뭉치면 살고 흩어지면 죽는다는 구멍들의 집합체가
밤이 되자 한껏 입을 벌리고 본색인 야행성을 드러낸다

비발디의 사계를 듣고
홀로서기 삶을 소리 내어 연습해보지만
같은 크기 같은 장소에서
제각기 다른 삶을 살고 있는 호모사피엔스
저마다
남보다 빨리 행운을 잡기 위해
언제 꺼질 줄 모르는 거품을 밟고 까치발을 돋우지만
스러져버리는 것들은 언제나 불안이 앞선다

뱃속에서부터 둥글게 사는 법을 배웠지만
가진 그릇에 만족할 줄 모르는 그들
욕망이란 예각의 날을 세상에 겨누고 있다

구멍에서 나고 보고 듣고 숨 쉬며
언젠가는 구멍으로 돌아가야 할 사람들

스위치를 켜는 순간
낮 동안 잔고가 바닥난 배터리를

>   충전하느라 소란스럽다
>   ―「독신자 아파트」전문

　홍순화는 시를 통해서 인간의 삶을 탐색한다. 그녀는 "독신자 아파트"에서 "제각기 다른 삶을 살고 있는 호모 사피엔스"를 추적한다. 시인이 제시하는 "독신자", "혼밥", "혼숙" 등의 어휘는 고독한 존재로서의 인간을 개성적으로 제시한다.

　'독신자 아파트'에서 살아가는 혼자 사는 사람들은 "낮"과 "밤"의 변화 속에서 "잔고"를 걱정하고 "야행성"으로서의 "욕망"을 노출한다. 이 시에서 독신자 아파트 거주민들의 특징을 집약하는 단어로는 "구멍(들)"이 있다. 아파트에 사는 사람들은 "구멍에서 나고 보고 듣고 숨 쉬며/ 언젠가는 구멍으로 돌아가야 할 사람들"이다. 그들은 "술래에게 들킬까 봐 기척도 못 내고", "구멍들의 집합체"를 이루고 있다. 홍순화가 이 시에서 개진하는 숨바꼭질로서의 언어는 현대 사회의 비극을 적확하게 포착하는 것이다.

> 　밤이면 누가 내 이름을 부르는 소리를 들어요
> 　하지만, 세 번 부를 때까지 대답할 수 없어요
> 　한 번에 대답하면 큰일을 치르거든요
> 　또 다른 시작을 알리는 이름이 불려진다는 것은
> 　식은땀 나는 일이죠
> 　왜 초연히 죽음을 받아들이지 못 하는지
> 　11월의 나무들은 저렇게 겸허하고 당당한데

― 「11월의 독백」 부분

앞에서 살핀 시 「늦은 11월에는 추억이 내린다」에서도 "11월"을 언급한 바 있는 홍순화는 이번 시 「11월의 독백」에서도 '11월'을 다룬다. 시인이 다루는 '11월'은 '겨울'을 가리키고 동시에 그것은 "독백"으로서의 성격을 갖는다. 그녀는 '시'가 '독백으로서의 언어'임을 인식하고, '시'를 독자와의 소통이자 자신과의 대화로서 규정한다.

인용 부분에서 시적 화자 '나'는 "내 이름 부르는 소리"를 듣는다. 여기에서 '이름'은 "또 다른 시작" 또는 "죽음"과 연결될 수 있다. 곧 이 시에서 '11월', '죽음', '또 다른 시작' 등은 동일한 의미를 담은 어휘로서 수용된다. 또한 이와 같은 '이름 부름'은 김소월 시인의 시 「초혼」과의 관련성을 파생한다는 점에서 의미심장하다.

3.

홍순화의 두 번째 시집을 살펴보았다. 그녀의 이번 시집에는 폭넓은 독서 체험과 탄탄한 언어 구사 능력을 바탕으로 쓰인 시편들이 가득하였다. 독자들로서는 시인의 뛰어난 시들을 읽으며 맛있는 요리를 맛보는 것과 같은 즐거운 경험에 도달할 수 있을 것이다.

필자가 홍순화의 시집에서 주목한 핵심 요소로는 '시

간', '마음(감정)', '언어' 등이 있다. 시인은 '시간'과 관련된 어휘를 다수 활용하면서 시집의 분위기를 이끌어 갔는데, 작품의 제목에 사용된 표현을 기준으로 언급하자면 "시간", "밤", "가을", "아침", "11월" 등이 대표적이다. 그녀는 「가을」, 「늦은 11월에는 추억이 내린다」 등의 시에서 "마음"을 언급하였고, 「책들의 감정」에서는 "감정"을 노출하였다. 시인은 "책들"을 향한 관심과 탁월한 시인, 작가로부터의 긍정적인 영향을 적극적으로 수용함으로써 자신의 시와 언어를 향상시켰다. 그런 이유에서 홍순화의 시 세계를 센티멘털리스트의 마음과 숨바꼭질로서의 언어로 규정할 수 있을 것이다.

메이 사튼May Sarton에 의하면 "진정한 감정은 어떤 대가를 치르더라도 정당화한다(True feeling justifies whatever it may cost)." 우리는 메이 사튼이 이야기한 진정한 감정의 궤적을 홍순화의 시집 속에서도 찾을 수 있다. 어떤 대가를 치르더라도 정당화할 수 있는 진정한 감정을 찾아보는 일. 독자들이 시인의 시를 읽으며 그 소중한 체험에 도달할 수 있기를 기원한다.

홍 순 화

홍순화 시인은 충남 천안에서 태어났고, 방송통신대학교 국어국문학과를 졸업했다. 2017년『불교문예』으로 등단했으며, 시집으로는『꿈을 리셋하다』가 있다. 현재 '수원 민예총'과 '호수시 문학회' 회원으로 활동 중이다.
홍순화 시인의 두 번째 시집인『몇 번이고 고쳐 쓴 보고서』는 폭넓은 독서 체험과 함께, 탄탄한 언어 구사능력으로 오늘날 우리 인간들의 삶과 그 고뇌를 서정적인 아름다움으로 노래하고 있다고 할 수가 있다.

이메일   onelifehong82@hanmail.net

홍순화 시집

몇 번이고 고쳐 쓴 보고서

발　　행	2025년 4월 10일
지은이	홍순화
펴낸이	반송림
편집디자인	반송림
펴낸곳	도서출판 지혜, 계간시전문지 애지
기획위원	반경환
주　　소	34624 대전광역시 동구 태전로 57, 2층 도서출판 지혜
전　　화	042-625-1140
팩　　스	042-627-1140
전자우편	eji@ji-hye.com
	ejisarang@hanmail.net
애지카페	cafe.daum.net/ejiliterature

ISBN　　979-11-5728-566-2　　03810
값　　　　12,000원

이 책의 판권은 지은이와 도서출판 지혜에 있습니다.
양측의 서면 동의 없는 무단 전제 및 복제를 금합니다.